孩子在左 父母在右

如何與青春期孩子相處

向靜芳，戴倩 主編

當美妙的青春不期而至，
孩子與我們，卻似乎漸行漸遠，
孩子在左，我們在右，
但愛終究能融化堅冰，
孩子的青春期，
讓我們共同蛻變。

目錄

目錄

總序

第一章 青春期，孩子向左，父母向右
- 第一節 青春期如是説 7
- 第二節 陌生的「小刺猬」 12
- 第三節 那顆漸行漸遠的心 17
- 第四節 愛要大聲説出口 20
- 第五節 用愛融化那顆小小的堅冰 23
- 第六節 當青春期撞上更年期 25

第二章 拉近兩顆心的距離
- 第一節 孩子，你孤獨嗎？ 29
- 第二節 走進孩子的內心世界 33
- 第三節 讓我們做好朋友吧 36
- 第四節 做自己情緒的主人 38
- 第五節 青春期孩子需要陪伴 42

第三章 你的青春期，我們共同蛻變
- 第一節 信任您的孩子 45
- 第二節 給孩子一個溫暖的家 49
- 第三節 關於尊重，我們要這樣做 52
- 第四節 言傳身教帶動孩子 55
- 第五節 做好脾氣的父母 59

第四章 父母這樣説，孩子更願聽
- 第一節 耐心傾聽，積極與孩子溝通 63
- 第二節 嘮叨不是溝通，責備不是教育 67
- 第三節 這樣説孩子才會聽 69

第四節 藝術地批評孩子 72
　　第五節 這樣表揚更有效 75
　　第六節 多用孩子喜歡的溝通渠道 79

第五章 父母巧引導，孩子愛學習少叛逆
　　第一節 孩子厭學，父母也有責任 87
　　第二節 學習原來這麼好玩啊，培養孩子的學習興趣 90
　　第三節 注意力訓練，讓你的孩子出類拔萃 94
　　第四節 引導孩子自主學習 97
　　第五節 幫助孩子培養良好的學習習慣 101
　　第六節 培養孩子自我管理的好習慣 105
　　第七節 實施挫折教育，把適當的壓力還給孩子 108
　　第八節 「我是最棒的」——孩子自我激勵情商的培養技巧 112
　　第九節 迅速培養孩子與人相處的社交情商 116

第六章 父母助力，幫助孩子解決成長中的問題
　　第一節 當孩子與老師發生衝突時 121
　　第二節 正確引導陷入早戀的孩子 123
　　第三節 孩子為什麼突然間學"壞"了 126
　　第四節 巧妙地和孩子談性說愛 129
　　第五節 營造一個讓孩子離不開的家 132
　　第六節 引導孩子離開電腦遊戲 137
　　第七節 抽菸喝酒，都是好奇惹的禍 141

總序

孩子的健康成長關係著千家萬戶的幸福，更關係著中華民族的未來和希望。家庭是一個孩子在從出生到走入社會的過程中重要的生活空間，是培養和教育孩子的重要園地。家庭教育是學校教育的重要延伸和必要補充，具有不可替代的特殊作用。

家長們在面對孩子時會遇到各種特殊情況和疑難問題，如何開展家庭教育、指引孩子健康成長，本叢書提供了一系列的「診斷」和建議。在編寫過程中，編者們參閱了大量國內外家庭教育方面的經典案例，結合兒童和青少年的身心特點和成長規律，文字通俗易懂、生動形象，能讓您在輕鬆快樂中感受、領悟、學習、借鑑，也能讓您在實踐應用中有所收穫，與孩子一起成長、共同進步，共建和諧美滿的愛心家園。

整套叢書選擇了多個當下家庭教育和家庭關係處理中的熱點問題，分別從「好父母好教育」「隔代教育藝術」「留守兒童教育」「單親家庭教育」「青春期教育」「孩子關鍵期教育」「獨生子女教育」「和諧家庭建設」等視角進行了研究，並提出瞭解決問題的辦法和有益的借鑑，指出了改進教育的理念方法和有效措施，解答了家庭教育中普遍存在的突出問題，不僅形式上有所創新，內容上與時俱進，而且有較強的可讀性，具有普遍的推廣和指導價值。

透過此套叢書，我們由衷希望家長朋友們能全面系統、直截了當地認識到，家庭教育是建立在血緣親情基礎之上的教育，不同於學校教育，更不同於社會教育，有其自身的特殊性，在孩子的健康成長中起著不可替代的基礎性和保障性的作用。然而現實中，有的家庭忽視了家庭教育，讓孩子錯失了很多本來很好的成長機會；有的家庭雖然重視家庭教育，但沒有章法，不懂得必要的心理學和教育學知識，科學性不夠。這兩者顯然都無法完整地實現家庭教育的功能。科學合理、充滿善意、溫暖和諧的家庭教育，往往決定了孩子的成人心智、成長水平、成才後勁和成功高度。為了我們共同傾注愛和

總序

　　關懷的下一代，為了我們共同期望的未來社會的棟梁之才，我們需要對家庭教育高度重視、不斷反思、探索總結、終身學習。

　　家長朋友們，教育是一項極為複雜、沒有常式的心靈事業，因為每個孩子和家庭的情況都有很多不一樣的地方。因此，在具體的教育過程中，希望家長朋友們一定要因人而異、因勢利導、順勢而為，針對不同的情況，適時更新教育理念，適時轉變教育觀念，選擇正確、合理的教育方式，才能達到較為理想的教育效果。

　　世界上有許多事情可以等待、可以重來，唯獨孩子的成長不能等待、不可重來。毫無疑問，家庭教育是一項極為神聖、永無止境的靈魂事業，讓我們共同堅守、共同努力，傾注關愛和熱情，提供氧分和空間，幫助引導孩子仁心向善、天天向上、揚帆向前、一生精彩，讓您的家庭真正成為愛的港灣和心靈的家園！

　　叢書由廖桂芳教授擔任總主編，由魏巍、鄧杉、鄭廷友三位副教授擔任副總主編，由一線優秀教師聯袂編寫而成。系列叢書編寫者中有大學生的人生導師，有中學班導師，有小學的辛勤園丁，還有教育培訓機構的培訓老師。我們透過講故事、找問題、給對策和提建議的方式，和每一位家長一起來為孩子的成長尋找合理的方向和適當的道路。親愛的家長們，沒有哪一條路是最好的，也沒有哪一種方法是通用的，但是我們的心卻都一樣──「放孩子們到寬闊光明的地方」。懷著這樣的願望，我們和您一起分享這套書，希望您的孩子有一個海闊天空的世界，伴著智慧和勇氣，去跨越，去成長！

編者

第一章 青春期，孩子向左，父母向右

青春期的孩子，叛逆、情緒多變、孤獨矛盾；青春期孩子的父母，焦躁、心神不寧、多疑嘮叨。

毫無疑問，如果說青春期的孩子是火星，那麼青春期孩子的家長就是金星。當兩顆巨大的星球相互碰撞，則必定會產生眾多無法預料的問題。青春期的故事一般都從這裡開始演繹。面對多種多樣的矛盾和層出不窮的挑釁，作為父母，又該何去何從？

第一節 青春期如是說

成長故事

楊藝藝（化名）的媽媽發現，藝藝上國中後像變了個人一樣，脾氣變得很火爆。有時候，媽媽和爸爸無意中說的話，藝藝聽後會立刻冒火，連珠炮似的講一大堆話。平時她稍有不如意就對父母冷言冷語。有時一連好幾天都不和父母說話，渾身像是長滿了刺一樣，誰碰就扎誰。

有一天早上，媽媽叫藝藝起床吃早飯，連叫了好幾次藝藝都不起床。媽媽就說道：「你要是再不起床，今天就別上學了。」沒想到藝藝「噌」的一聲從床上坐起來，大聲吼道：「不上就不上，我早就不想上學了！」說完又蒙上被子繼續睡。

媽媽沒有辦法，這時爸爸過來喊她起床，她衝著爸爸吼道：「我都說了不想上學了，還煩我幹什麼？請你們離開我的房間，別在這裡煩我了。」爸爸被她那囂張的氣焰點燃了怒火，一巴掌打過去後命令道：「穿上衣服，馬上去上學！」藝藝先是愣了一下，緊接著迅速穿上衣服，臉也沒洗，就背上書包上學去了。

從那以後，藝藝「老實」了一些，但幾乎不和爸爸媽媽說話，而且每隔兩個月藝藝這脾氣就會犯一次，爸爸忍不住就又會打她一次。

原來如此

青春期是青少年生長發育過程中一個較為特殊的階段，也是人生中最具活力，身心變化最突出的時期。這一時期青少年的身體機能、運動素質以及心理智慧等都處於可塑性最強的階段。爸爸媽媽們，當你們的孩子出現類似藝藝一樣的情況時，不要太過急躁，也不要太過擔心，因為你們的孩子進入了每個孩子都會經歷的青春期。只要找到合適的教育與溝通方法，不僅可以幫助你們的孩子順利度過這個時期，還能利用這個可塑性最強的階段激發孩子的各種潛力，培養良好的性格。不過這需要爸爸媽媽們先瞭解清楚有關青春期的小知識，才能對症下藥，掌握與青春期孩子溝通的藝術。一起來看看吧！

有許多專家把青春期稱為人的「第二次誕生」。青春期是人成長過程的叛逆期，也是人生的關鍵時期。此時的孩子就像走到了人生的一個十字路口，選擇哪個路口對以後的人生有著重要的影響。只有瞭解青春期的成長特點，才能幫助孩子順利度過這個反抗期，才能更好地利用這個爆發期，激發孩子的各項潛能。

1. 青春期孩子的心理水平處於半成熟狀態

在青春期，孩子生理上發生著巨大的變化，這種變化衝擊著他們的心理，身體上的快速成熟使孩子產生了成人感，認為自己的思想也屬於成人，希望周圍的人把自己當成一個成人來平等對待。實際上，青春期的孩子心理水平正逐漸從幼稚向成熟過渡，但依然處於一種半成熟狀態，因此就產生了自認為的心理水平與實際心理水平的差距，身體上的成熟感與心理上的半成熟感之間的矛盾。成人感使得青春期孩子的獨立意識變得很強烈，他們希望獨立，希望走出父母的羈絆，自己做主。但事實上，面對錯綜複雜的矛盾和問題，他們依然希望成人在精神上給予慰藉。

瞭解了孩子在青春期身體和心理變化的特點後，孩子的許多反應也就可以理解了。有句話說得好：「千萬別和青春期的孩子較勁。」面對孩子青春期的逆反，家長應該用平常心對待，畢竟那是人成長過程的必經階段。誰也

不能繞道而行，誰也不能逃避，只能迎頭而上，放下自己做父母的架子和孩子做朋友、做閨蜜。走近孩子，多與孩子溝通，瞭解孩子的真實想法，給孩子宣洩的空間，包容孩子的叛逆。因為叛逆也是一種成長，是成長過程中的正常現象。

面對青春期孩子身體和心理發展不均衡的問題，如何幫助孩子增加心理上的能量，是一個值得探討的問題。心理上的成熟需要更多人生經歷和磨煉，只有經過了磨煉才能逐漸走向成熟。在青春期，孩子不可能一下子在心理上成熟起來，孩子的獨立只是表面，如何讓孩子對心理的滿足感不停留在外表和行動上，轉而注重內在的變化，這是一個值得家長思考的問題。

2. 青春期是孩子學習能力的爆發期

學習能力的高低主要取決於注意力、記憶力、觀察力和想像力。青春期不只是身體在瘋長，更是孩子學習能力增長的高峰期，孩子的注意力、記憶力、思維能力都將在此時爆發。人的注意力在12歲達到頂峰，青春期孩子的注意力持續時間在45分鐘左右，注意力集中的孩子，學習效率高，學習輕鬆，成績好。從心理學的標準來看，青春期孩子的記憶力不僅明顯高於小學生，也高於大學生，甚至超過了成人短時的記憶容量。在這個年齡段，孩子的邏輯思維能力逐漸提高並趨向成熟，成熟的邏輯思維會使青春期孩子在學習數學、物理、化學等理科方面遊刃有餘。因此，青春期是孩子學習的黃金時期，家長應引導孩子趁著青春期多多充電，多學一點知識。

雖然青春期是孩子學習的黃金時期，但是我們不能給孩子太大的壓力，要為孩子的學習減壓，讓他們卸下學習的包袱。學習壓力主要和學習動機有關，學習動機是將學習願望轉變為學習行為的心理動因，是發動和維持學習行為的內部力量。心理學的大量實驗證明：學習效率與動機強度之間可以描繪成一條倒「U」形曲線，學習效率隨著動機強度的不斷增加而提高。當達到一定程度時，動機強度再增加，學習效率反而會下降，也就是說中等強度的動機最有利於學生學習。所以，那些毫無壓力感的學生和壓力過大的學生都不是班裡的佼佼者，必須要保持中等壓力才行。強化學習動機，緩解學習

壓力。學習成績固然重要，但健康是前提，為了孩子的健康成長，作為家長不要被分數鎖住了思想。

孩子的青春期是考驗家長耐心的時候，這種考驗其實也是一種挑戰。說實在的，當孩子出現各種問題時，特別是某種情況反覆出現時，每次都要求家長做到耐心對待，其實真的很不容易。生活中常常聽說青春期遭遇更年期，兩代人吵架是很常見的事。與其和孩子爭吵，使矛盾升級，弄得誰都沒有好心情，還讓孩子和家長對著幹，不如儘量理解青春期的孩子，允許他們宣洩，讓水順流而下，就不會暴發洪水。在孩子青春期時，父母學會緩和自己的情緒也是一個不小的挑戰。

3. 青春期孩子很容易受家庭的影響

在青春期，孩子變得更聰明，思想更複雜，也更有能力做出自己的決定。他們也很容易處於矛盾、困惑和應激之中。這一時期孩子的心理訴求表現為：要求更多的自由，發表更多自己的見解。對於這些變化，如果家長們能夠意識到，並根據這樣的心理來進行順勢引導，便可以充分利用孩子這一階段可塑性較強的特徵來培養孩子積極向上的人格特徵。然而在現實生活中，有很多家長朋友對孩子青春期發生的這一系列變化並不理解，更別說為了孩子及時做出相應改變了。如此一來，父母和孩子就會有更多的衝突。「成長故事」中藝藝的爸爸便犯了這樣的錯誤，他不瞭解處於青春期的女兒的心理，用暴力的方式來解決問題。可是這樣的方式並沒有走進藝藝的內心，藝藝雖然表面上「老實」了一些，可事實上叛逆的情緒卻在不斷滋長……因此，青春期孩子是很容易受家庭影響的，家長如果處理不好會對孩子的心理健康產生很大的負面影響。家長朋友們，萬萬不可小覷對青春期孩子的教育與溝通！

溝通祕笈

多一次成功的引導和溝通，就少一次衝突。家長們，想要更好地與青春期孩子溝通，嘗試一下下面的做法吧。

1. 多傾聽，關注孩子的感受而不是行為

青春期孩子的抱怨是常見的事情，面對身體的變化和來自學習等各方面的壓力，不抱怨那才是怪事呢。我們做父母的還常常抱怨呢，更何況是正在經歷變化、涉世不深的孩子呢？青春期孩子的抱怨只是一種情緒發洩的方式，也許我們該做的就是給孩子一個發洩的空間，當好聽眾。做聽眾也不容易，要用心傾聽，用心感受。孩子希望父母在乎他們的感受，並得到認同。注重孩子的感受，而不是行為，更好地幫助孩子緩解緊張的情緒，讓孩子的情緒在宣洩中得以平和。有些行為孩子也明白是不對的，當孩子的情緒平和下來以後，也會改變不好的行為，畢竟沒有人願意後退，願意自己天天落後、自暴自棄。給孩子一個宣洩的空間，讓孩子的叛逆心轉變成進取心。孩子情緒平和時，會對正誤有自己正確的判斷，正確的堅持，會使孩子向正確的方向前行。

2. 用描述式的語言表揚

心理學家曾說過：「鼓勵的關鍵，不在於我們對孩子說了什麼，而在於孩子聽了我們的話以後，在心裡會對自己說什麼。」只有觸動心靈的教育才是真的教育，自我教育才是最有效的教育。

家長在讚賞孩子時要儘量用描述式的語言，描述你所看見的和你所感受到的孩子的美好品質和言行，讓孩子感受到自己的主觀努力起了很大作用，以便孩子在日後的生活中更多地發揮自己的主觀能動性。在成長過程中，多給孩子表揚和鼓勵。表揚和鼓勵是有區別的，表揚是對過去的行為和成績的認同，鼓勵是對未來的希望，引導孩子對未來進行思考和為迎接未來而實施行動，將表揚與鼓勵結合使用才能發揮更大的效力。

3. 保持耐心，相信孩子

選擇傾聽並給予孩子讚揚及鼓勵，更要學會相信孩子。作為家長，要持之以恆並發自內心地相信，並讓孩子感受到你的真誠，以及對他的信任。然後耐心等待吧！等你的孩子走出青春期的那一天，一定會以一個嶄新的面貌出現在你的面前，讓你為他感到驕傲與自豪！

第一章 青春期，孩子向左，父母向右

可以更好

著名學者余秋雨在歐洲訪問時，問過一個老人：在「歐洲，即使路上沒有車，也沒有人會闖紅燈，這是為什麼呢？」「我不能保證，在對面的窗戶裡沒有孩子的眼睛。」老人如是說。青春期孩子的眼睛是無比敏銳的，父母用正確的示範來引導孩子，這樣無聲的溝通，會讓孩子印象深刻。

青春期孩子會出現什麼樣的特徵受家庭因素的影響較大，而父母是孩子最好的老師，父母的一言一行對孩子而言起著引導的作用。作為家長，當孩子出現某種問題時，我們應該審視一下自己，在我們的身上也許也會存在同樣的問題，我們無意識的行為可能已經影響到了孩子。俗話說：「教的不會，看的會。」青春期的孩子，各方面都處於不穩定的階段，如果父母能以平和的心態處理問題，處理矛盾和摩擦，孩子也會逐漸受到影響。言傳不如身教，從自身做起，用同一標準要求自己和孩子，比只要求孩子的效果要好，因為一流的你造就一流的孩子。

▎第二節 陌生的「小刺蝟」

成長故事

自從菁菁（化名）上了國中以後，就好像是變了一個人。以前乖巧聽話的她，現在卻動不動就發脾氣，許多事都愛自作主張，也不願意聽爸爸媽媽的勸告，只要父母多說幾句就不高興。簡直就是個「小炮筒」，一點就著；又好像是隻「小刺蝟」，渾身是刺，隨時扎你……

買好的衣服，即使爸爸媽媽認為很漂亮，她不想穿就一次也不穿；髮型要自己定，爸爸媽媽都說她頭髮長了，可她就是不讓剪。做了很久的工作才讓剪瀏海，可是她嚴格規定不能露出眉毛，還因為沒剪出讓她滿意的效果，耿耿於懷了好幾天；早上帶的水下午原封不動背回來，媽媽多說兩句，她就嫌煩；中午她完全可以回姥姥家吃飯午睡，卻偏偏愛在學校食堂吃；不能問她的好朋友學習怎麼樣，如果問了，她就發火：「你不就是不想讓我和學習差的同學交朋友嗎？你也太勢利了！」如果爸爸媽媽要誇同事朋友的孩子懂

事，她就說：「你想要他就去要吧，反正他比我優秀！」上小學時寫作業允許媽媽坐在旁邊看書看報陪著她，現在開始寫作業就不客氣地把父母「趕出去」；以前批評她沒什麼大反應，現在說幾句，菁菁就回到自己房間，「呼」一聲關上門，怎麼叫也不開；她不喜歡父母問她考試成績，即使考得不錯，她也愛用「考得很砸」來應付媽媽；她愛邊寫作業邊聽音樂，媽媽不允許，她就強詞奪理，說抄單詞時才聽，這樣效率高，寫數學讓她聽都不會聽；有時媽媽看她桌子凌亂她又來不及收拾，就替她整理一下，不曾想菁菁也不領情，嫌媽媽動了她的東西；不讓她發簡訊，她就說：「你要不想讓我和同學聯繫也行，以後我沒朋友你可別後悔！」這樣的例子不勝枚舉。

近來媽媽發現，這隻「小刺蝟」開始挑媽媽的毛病了。比如，媽媽上班忘帶鑰匙、手套，菁菁說媽媽丟三落四，耽誤時間；媽媽忘記按時給她發零用錢，忘記帶雜誌，她說媽媽粗心大意，不守信用；媽媽把水杯碰倒，碗打碎，她調侃說要是換了她，媽媽一定會大發脾氣，而對於媽媽自己犯的錯誤，媽媽總是「再一次原諒了自己」。還有，菁菁竟認為媽媽沒品位，眼光低，買的東西她看不上眼。最近她又開始挑剔媽媽的廚藝，說媽媽沒有創新，缺乏創意，老是那幾樣，她都吃膩吃傷了。更讓媽媽沒面子的是，她的作業家長簽字竟然不讓媽媽簽，原因是嫌媽媽字差，交上去不好看。

原來如此

「孩子像突然變了個人一樣，真難管」，這是許多家長對青春期孩子叛逆的共同心聲。進入國中階段，大多數孩子都會出現類似的情況。他們忽然變了，煩惱增多了，有了自己的小祕密，變得不喜歡和父母交流。孩子為自己裹上了一層「刺」，它們尖銳生硬，保護著自己脆弱的心靈。於是，父母猜不透孩子在想什麼，孩子也不理解父母的心情。

爸爸媽媽眼裡的乖小孩菁菁也進入了反叛的青春期。現在的菁菁在爸爸媽媽眼裡變得「陌生」了很多，從前那個乖巧聽話的女兒變化可真夠大啊，想必這可急壞了菁菁的爸爸媽媽吧。其實，我們不用過分擔心，孩子的這些表現是青春期的典型特徵。很多父母對孩子的「變」沒有心理準備，總是期盼孩子還能「像小時候一樣追隨著父母」。假如你的孩子到了國中、高中、

大學乃至開始工作後，仍然是一個聽話的乖小孩，那恐怕你真要著急了。因為他獨立的需求沒有被激發，自我意識沒有發展或被壓抑了，這充其量也只是一個「身體上長大的孩子」。對孩子這種無視大人存在的態度，很多家長既失落又焦慮，失落的是控制權，焦慮的是影響力。這就是心理學上的「心理斷乳」。

1.「小刺蝟」叛逆心理的生理原因

孩子在 11 歲左右的時候，在性激素的作用下，他們的身體進入快速發育期。身體外形的改變，青春期生理現象的出現，讓孩子對自己產生好奇和疑問，也給孩子在心理上帶來很大的震動和不安。另外，由於大腦功能的進一步分化和完善，孩子心理活動的隨意性和自控性日益增強，思維和思想意識也發生了變化。在這些成長變化中，生理的發育超過了心理的發育，從而導致了不平衡的現象出現，心理學家把這一時期稱為「心理閉鎖期」。

2.「小刺蝟」叛逆心理的心理原因

孩子進入青春期之後，獨立意識增強，遇到事情想自己解決，不想再依賴父母，不想讓人再把自己當孩子來看待，他處處想表現出一種成人感。我們不妨一起來回想一下，是不是在青春期以前，孩子對同學說話總是「我爸爸怎麼說」「我媽媽怎麼說」；而進入了青春期以後，孩子對大人說話總是「我們同學怎麼說」「我們朋友怎麼說」。這聽起來就好像是告訴我們「我怎麼說」。孩子已徹底擯棄了「聽話」。在這個時期裡，他們要求的是「對話」。用心觀察，從這些細節我們就能看到孩子內心的變化。大概也是因為很多家長並不理解孩子這樣的變化，才導致一些青春期孩子容易煩躁敏感，抗拒父母嘮叨，開始對父母表現得冷淡，甚至會反抗、離家出走。心理學家把這一時期稱為「第二次斷乳時期」，「第一次斷乳」是孩子在生理上的斷乳，而「第二次斷乳」就是指在心理上和父母之間的「斷乳」。

3.「小刺蝟」叛逆心理的家庭因素

孩子小的時候，對父母依賴性強，覺得父母無所不能，甚至有種崇拜感。隨著孩子進入青春期以及心理生理各方面迅速發展，他們忽然發現父母並不

是心中完美的偶像，父母也有許多不足和缺點，也有很多事情不能解決，也有很多問題不能解答。於是孩子不再什麼事都告訴父母、什麼事都向父母請教。他們更樂於跟同齡人溝通交流。

青春期的孩子正經歷一個情緒、情感突變期，這時候如果父母不理解、不尊重孩子，而簡單地以高壓政策「壓」之，孩子就會逆反、發脾氣，與父母對著幹。其實，孩子是在以這種消極的方式期待父母反省和改變。

溝通祕笈

家長朋友們面對像菁菁這樣突然變得「陌生」的孩子，該怎麼去做呢？如何去處理好與青春期孩子之間的關係呢？

1. 無條件接納

無條件接納是有效溝通的前提。一個人在成長的過程中，必須要讓他被生命中最重要的人接納，他才能找到成長的動力，而這種接納本身是無條件的。在心理諮詢中，心理諮詢師需要做到無條件接納來訪者。就是說，不管你是什麼人，即使你有很多缺點、不足，在諮詢師眼裡，你只是一個需要幫助的來訪者。他對你的接納是無條件的，不會給你做思想政治工作，不會訓導你應該這樣不應該那樣。他的任務是解決你的心理問題和障礙，使你獲得一種自我覺醒的意識。這樣，你會感到溫暖，感到被理解和尊重，也才會願意傾訴你的苦惱，諮詢師才能從中發現你產生心理問題和障礙的癥結，並幫助你解決。現實生活中，很多家長是接納孩子好的一面，不接納孩子不好的一面。孩子出現頑劣行為、不良行為，家長就嘮叨，然後透過嘮叨去批評孩子，這是不正確的教育方法，尤其是對處於青春期的孩子們。那家長應該怎麼做呢？對於青春期孩子的教育是一樣的道理，家長應該做到對孩子無條件接納，接納他的改變，接納他的叛逆，讓他感受到你們的尊重，並真正走進孩子的內心世界，讓孩子感受到溫暖的力量，打開自己的內心世界，願意主動向你傾訴，把爸爸媽媽視作朋友。

2. 時時記住理解、信任、尊重和平等

對待青春期孩子的叛逆行為，父母一定要遵循的一個重要原則是：理解、信任、尊重孩子的獨立性和成人感，與孩子平等、民主相處，用耐心、愛心、包容心來說服和引導孩子的反抗行為。

其實，在以「青春」為主題的「戰爭」中，孩子想要獲取的無非是獨立人格的承認。而在以「青春」為主題的成長道路上，很多父母之所以無法走進孩子的內心世界，是因為他們沒有真正理解孩子。孩子感覺沒有得到理解和尊重，他的心門就會關得越來越緊。

只有以平等和尊重為前提的交流，才能獲得孩子的信任，才能真正走進孩子的內心世界，才能傾聽他們的心聲，消除他們的煩惱，才能真正幫助和引導孩子。

3. 給孩子私人的空間

做一個智慧細心的父母吧，不斷充實和完善自己，學會控制自己的情緒和情感，在細節上注意尊重孩子，尊重孩子的隱私，尊重孩子的意願，給孩子提供屬於他們的私人空間。將一個帶鎖的筆記本作為生日禮物送給孩子，說不定會給孩子帶來小小的驚喜，讓他感受到被尊重，用愛和智慧融化孩子的叛逆吧！

可以更好

案例中菁菁的父母可以更好地應對「小刺蝟」：

1. 以後儘量不自作主張為孩子買衣服，如果需要買就徵求孩子的意見，讓孩子自己挑選；

2. 髮型由孩子選擇，如果長了老師會責令剪短，爸爸媽媽不用操心；

3. 督促檢查她每天喝水情況，不再要求必須喝完，但要求每天要保證杯數；

4. 規定每週可以在學校吃午飯一次，一般在週五，其他時間回姥姥家吃飯；

5. 要求她做作業要專心，不能戴耳機做作業，做完可以聽音樂，週末可以玩電腦；

6. 規定每天寫完作業後要整理書桌，發現書桌雜亂經提醒仍不整理，罰零用錢 5 元；

7. 平時不允許發簡訊聊天，只允許和同學探討作業問題，要限定時間；

8. 鼓勵支持她交朋友，不以學習成績為衡量標準，要有具體而簡單的底線要求（比如不能交抽菸的朋友），鼓勵她從每個人身上尋找優點；

9. 告訴她有問題或有委屈可以向父母傾訴，要學會表達情緒，不能賭氣摔門；

10. 鼓勵她每天學習之餘跳繩、轉呼啦圈，既能鍛鍊身體，又可以發泄不良情緒；

11. 如果想發火，先數 10 個數，再做 5 次深呼吸。這條適用於全家；

12. 爸爸媽媽平時要多和女兒溝通交流，瞭解她的喜怒哀樂，注意引導她的情緒。同時父母也要培養愛好，提升自己，做與時俱進的家長。

第三節 那顆漸行漸遠的心

成長故事

高女士的兒子小學時是個聽話的乖孩子，各方面表現都很優秀。但國二以後，兒子成績出現波動，母子關係開始出現一些波折。但總的來說他們交流得還不錯，兒子能主動跟媽媽說心裡話，兒子也基本能接受她的話。可自從兒子升上高中後，就跟以前大不一樣了。兒子放學回家後把房間門一關，自己在裡面一待就是幾個小時。媽媽想搭句話都沒機會，更別說交流了。

有一次，媽媽以一起出去散步為藉口，推開兒子臥室門。兒子戴著耳機邊聽音樂邊看書，瞥了一眼媽媽，顯然對媽媽的行為有些反感。高女士說：「既然你不寫作業，就陪媽媽出去散散步吧。」兒子看都不看她，說：「我休息一會兒還要寫作業。」高女士說：「那正好散步回來再做，媽媽有些話

孩子在左，父母在右：如何與青春期孩子相處

第一章 青春期，孩子向左，父母向右

要跟你說。」兒子嘴裡發出「咻」的一聲：「有什麼好說的呀，我可沒那麼無聊。」媽媽又氣又急。憑經驗，兒子心裡肯定有事，拒絕交流肯定會出問題。以前她還常常得意於自己教子有方，母子之間沒有隔閡，並常以「成功母親」的身分指教別人。現在是怎麼了，兒子的心離媽媽越來越遠了？

原來如此

首先，高女士的做法值得肯定，她是一個善於思考的母親，並沒有因為兒子的「冷漠」而像部分家長一樣一味地指責與批評，而是猜想「兒子心裡肯定有事」「拒絕交流肯定會出問題」。然而，問題出在哪裡呢？高女士的兒子步入高中，正值青春期。青少年進入青春期之後，思想上逐漸獨立，開始有自己的主見。這時，如果父母不改變自己的觀念，兩代人在觀念上難免會出現衝突。其實，兩代人之間生活習慣、思維方式有不同是必然的，認識上的代溝也是可以接受的，但感情上不應該越來越疏遠。因此，高女士需要接受自己與孩子之間的代溝，接受並不意味著與兒子之間的關係越來越遠。該怎麼做才能既接受與孩子之間的代溝，又不會讓兒子的心離媽媽越來越遠呢？下面的溝通祕笈也許會給各位帶來啟發哦！

其實孩子總有孩子的理由，他們有自己對生活的看法，這些都產生於現實環境，他們是與時俱進的。相反，家長的想法有時往往是保守的、不合時宜的。很多時候，家長應該多虛心向孩子學習。因為孩子接受新事物快，思想活躍。如果自己頭腦不開化、無知而頑固，還對孩子橫加干涉，孩子當然不會喜歡。當家長發現跟孩子在認識上有差異時，往往會不自覺地把自己的觀念和做法強加給孩子。如果這時孩子不接受就會產生衝突，心會離家長越來越遠。

溝通祕笈

上面的故事中，高女士可以明確地告訴兒子：「媽媽知道你長大了會有自己的一些想法，而且你的很多想法有可能是非常正確的，媽媽在你這個年紀的時候也像你一樣有很多自己的想法。你可以不用告訴我你在想什麼，但是當你遇到困惑需要幫助時，媽媽真的希望能夠像朋友一樣幫助到你哦。」

這樣的一番話，孩子聽了既感覺到媽媽認為自己長大了，又能感受到被認可，還能夠感受到媽媽對自己的愛，這會使媽媽與孩子的關係得到緩和。這樣是不是很好呢？家長朋友不妨試試哦！

父母一定要改變跟孩子的交流方式。小學或國中時，孩子或許還能接受家長的一些說教。到高中階段，孩子自主意識增強，灌輸和說教就行不通了。不要再企圖做孩子的精神導師，而是要做孩子的知心朋友。不要只是急於瞭解孩子、為孩子排憂解難，而是要向孩子敞開心扉，讓孩子瞭解自己包括自己的苦惱，並真誠地跟孩子交流。孩子得到承認和尊重，就不會再拒絕交流，家長的觀念和孩子的觀念就會在交流中交融碰撞，孩子就會在耳濡目染中不自覺地接受你的合理建議，當然家長也會在交流中從孩子那裡學到很多。

如果兩代人都朝一個方向改變自己，孩子的心還會離家長越來越遠嗎？

可以更好

父母要放下高姿態，主動瞭解當今社會現狀對青少年的影響，瞭解他們關注的文化、娛樂動態等，這樣雙方才有話可談、有事可商，雙方才能溝通情感。這種積極轉變遲早會影響孩子們的態度，從而把事情引向一個更好的狀態，這也就是家長與孩子間所謂的「積極的對話」「有效的對話」。

作為父母要真正陪孩子一同成長，在其幼兒階段要跟孩子一起讀童話故事、背誦唐詩宋詞、看動漫，分享其發現世界的快樂。在小學階段，和孩子一起閱讀傳世的經典之作，探索科學的傳奇和奧祕，分享探索世界的快樂。國中階段，父母要和孩子一起追星，一起經歷「少年維特的煩惱」，分享其成長的煩惱和快樂。在高中階段，父母要和孩子一起瞭解互聯網，一起分享認識世界的快樂……

第四節 愛要大聲說出口

成長故事

曾經有個小孩子，當他看到電視上的外國父母對他們的孩子說「我愛你」後，就很高興地轉過身對自己的爸爸媽媽說：「我愛你。」他覺得「愛」是一個很美好的字，讓自己心裡很溫暖。

可是爸爸媽媽聽了之後馬上臉紅了，立刻斥責道：「別說什麼愛不愛的，你這麼小，知道什麼叫愛嗎？別瞎說！」

孩子立刻驚恐了，認為對父母說「愛」是不對的。而他的爸爸媽媽也從來不對他說「愛」字。後來孩子長大了，變成一個沉默的少年。父母每天都是問他學習了沒有或考得怎麼樣、餓不餓冷不冷，而從來不說「愛」。

他不知道父母對他究竟是什麼感情，或許是愛吧，但他並不確定。上課時，老師總是教育學生要愛自己的父母，有一次他終於忍不住了，向老師提問：「人們總說要讓我們去愛父母，但父母愛我們嗎？我們怎麼知道父母愛不愛我們呢？」

老師很詫異，她說：「天下沒有不愛自己孩子的父母。」

少年反駁道：「既然愛，就要讓孩子知道。與其讓孩子猜疑，為什麼要吝嗇那三個字呢？我認為社會不僅要提倡讓孩子愛父母，也應該提倡讓所有的父母都能夠向孩子表達自己的愛。」

老師悄悄地給少年的父母打電話告知了這一切。第二天孩子回家的時候，父母依舊若無其事地忙著手裡的活兒，但是他在自己臥室的書桌上看到了一張紙條，上面寫著：「親愛的孩子，我們愛你。」落款是爸爸媽媽。

原來如此

每個家長都愛著自己的孩子，因為父母對孩子的愛都是無條件的，但是每個家長對孩子愛的方式並不一樣。表達愛的方式究竟有那麼重要嗎？很多家長可能會認為，保障了孩子的物質生活，滿足了孩子的基本需求就是對孩

子的愛了。但又有那麼多的家庭因為沒有恰如其分地對孩子表達父母的愛而讓單純的孩子產生那麼多的「怪念頭」——「爸爸媽媽是不是不愛我呀？」「爸爸媽媽從來沒說過愛我，大概他們真的不喜歡我吧」……即使是愛，也有它的表達方式，在此給各位身為人父人母的家長朋友們推薦一本義大利作家亞米契斯的小說——《愛的教育》。該書在很多國家被公認為最富愛心和教育性的讀物之一，讓父母和孩子一起學習如何去愛，如何讓孩子感受到愛吧！

在傳統的家庭中，父母給予孩子的愛是深沉的、默默的。對於愛的表達，我們東方人有另外一套體系，即所謂大愛希音。父母羞於向孩子表達自己的情感，因為他們的父母也是這樣教育他們的。

而西方家庭則不同，家庭成員會經常互相親吻對方，母親會給早晨即將上學的孩子一個親吻，然後說：「我愛你。」

這不僅僅是兩種文化的差異，也是父母與孩子溝通方式的不同。我們贊成父母的愛一定要對孩子說出來，讓孩子明白自己是被父母疼愛著的。

愛對孩子的重要性，不亞於炒菜需要鹽。愛是生活中最重要的調味品，也是家庭關係的重要紐帶。所以父母不要吝嗇這個看似簡單的「愛」字，如果你把它說出口了，也許會有不一樣的生活和一個不一樣的孩子在等著你。

大聲說出對孩子的愛吧！

溝通祕笈

表達愛的方式有很多種，下面向父母們介紹幾種方式。

1. 紙條書信

如果是過於羞澀的父母，可以用文字來表達自己對孩子的愛，因為文字有著你想像不到的力量。這樣既能夠讓孩子明白，也省去了父母的尷尬。

2. 間接傳情

當看到描寫父愛或者母愛的書、電影或者電視劇的時候，可以介紹給孩子看，並說：「這個寫得（演得）很好，感情很真，我感同身受，因為我也是這樣對你的。」這樣孩子就可以從作品中領悟父母對自己的愛。

3. 情景發揮

當你們一起觀看家庭電影時，可以向孩子傾訴衷腸。比如當你與孩子一起欣賞《長江七號》看到做民工的父親辛苦給孩子賺學費時，可以跟孩子說：「我很理解這個父親，他真的很愛自己的孩子，我也一樣。」

總之，愛不光是父母默默地為孩子奉獻，還是一種需要表達的情感，讓你的孩子懂得你對他的愛，那麼他也將更加愛你。孩子處在叛逆期時，如果能生活在一個充滿愛意的家庭裡，會是一件非常幸福的事。而且你會發現，孩子的叛逆期已悄無聲息地度過了。

4. 擁抱的力量

如果不習慣用語言來直接表達，那麼用身體語言來傳達心意也是一個很棒的選擇哦。美國著名的心理學家赫洛德·傅斯博士曾說過：「擁抱可以消除沮喪──能使體內免疫系統的效能上升；擁抱能為倦怠的軀體注入新生命，使你變得更年輕，更有活力。在家庭中，每天的擁抱能加強關係並大大減少摩擦。」愛需要包裝，需要給它一個可以觸及的形式。形式傳達內容，有了形式，內容才能真實存在；沒有形式，內容也會萎縮。我們就是要給愛一個「形式主義」的表達，擁抱就是它的形式。更何況有專家認為，每天都能表達愛同時得到愛的回報的人，青春會更長久。這種身心兩益的形式是對自己和周圍人的一種善待，它會像電流一樣延伸到你周圍。

可以更好

1. 用孩子可以接受的方式欣賞他們。不說「我愛你」，還是有別的很多東西可以說，特別是在特定場景之下：早上起來孩子自己把衣服穿上了，可以對他說：「真乖！越來越能幹了！」孩子在學校表現並非很好，甚至被老師批評，但是，請您告訴他：「沒事，在我看來你是最棒的孩子，我相信你一定能做得很棒！」

2. 孩子再小也有自尊心，杜絕說傷害孩子自尊心的話。父母有時對孩子的不良表現感到生氣，說出一些傷害孩子的話，如：「你就不能像樓下那個孩子那樣爭氣嗎？」「你為什麼偏要把自己打扮得這麼俗氣？」「煩死人了，離我遠點！」這些話會在孩子心裡留下陰影。

3. 給孩子提供一個快樂的、舒適的、輕鬆的、充滿愛的生活環境。父母良好的性格、健康的情緒是建立充滿愛意家庭的先決條件。孩子在家庭裡不但可以得到他的生活所需，他還需要在家庭裡得到真正、集中的關懷。如果父母在家裡對孩子冷冷淡淡、漠不關心，孩子便會產生自卑情緒，變得孤僻。優秀的父母在家裡會透過言語和行動給予孩子無微不至的關懷，保證孩子在感情上的需要。

4. 引導孩子正確的生活方式。家長首先要注意自己的一言一行，你不經意間的所作所為孩子都看在眼裡，記住給孩子一個好的榜樣，教會孩子正確的生活方式。

所以，父母正確表達愛的方式有助於孩子健康成長，能讓孩子學會愛與包容。

第五節 用愛融化那顆小小的堅冰

成長故事

15歲的果果（化名）是個聰明、漂亮的女孩，在父母的精心培育下，她能歌善舞，深得老師和家長的寵愛。美中不足的是，隨著年齡的增長，果果對身邊的事情顯得越來越漠不關心，往往只注重自己的感受。她不愛幫助別人，對集體活動不感興趣，見了長輩愛理不理，有時甚至對爸爸媽媽也顯得過於冷漠。一天下午，果果從學校回到家後，發現媽媽正躺在床上，飯桌上只擺著稀飯和饅頭，她說：「媽媽，我不吃饅頭，我要吃炸雞腿！」媽媽告訴她：「寶貝，媽媽病了，爸爸還在出差，晚飯你先將就吃點，明天媽媽再給你做好吃的，行嗎？」果果不依不饒地哭鬧起來，直到媽媽強打起精神下

床去買了炸雞腿才罷休。事後，果果媽感慨萬千。她怎麼也想不到，自己千般寵愛的孩子，竟然對病中的媽媽如此冷漠，對自己表現不出絲毫的關心。

原來如此

我們常說「人之初，性本善」，孩子的心地其實原本是熱情、善良的，他們之所以變得冷漠，往往是由於受到成人或社會的不良影響，而不正確的教育和引導是孩子冷漠的根源。身教重於言傳，家長務必要做好孩子的榜樣，熱情待人，關心他人，富有同情心。平日裡和孩子一起觀看富有教育意義的書籍或影視作品，在建立和諧的親子關係的同時，培養孩子熱情、善良的品質。當冷漠心理失去了滋生的土壤，自然無法發芽。

現在不少孩子都是獨生子女，在家裡集萬千寵愛於一身，習慣以自我為中心，進而形成冷漠心理，對公共事務不熱心，對小動物沒有愛心，對親人不關心……冷漠心理不僅是孩子日後人際交往的障礙，也妨礙其情感的健康發展。如果聽之任之，會給孩子身心健康發展留下莫大的隱患。

溝通祕笈

愛心是感化教育的一方良劑，真誠的關愛可以融化青春期孩子心中那座冷漠的冰山。陶行知先生說過：「愛是一種偉大的力量，沒有愛就沒有教育。」要讓孩子有一顆熱情的心，就應該讓孩子多參加社會公益活動。比如觀看賑災義演，去敬老院參加義務勞動，為學校和班級捐獻書本，把零花錢和圖書捐助給貧困山區的孩子，參與張貼公益廣告、標語，義務宣傳公益知識……家長應盡可能多地創造條件，提供機會，讓孩子全身心投入這些活動，感受公益活動的意義，喚醒孩子內心熱情的一面。

孩子在生活中也許會有一些看似微不足道的愛心行為，家長要及時給予鼓勵和表揚。當孩子扶起摔倒的老人、為迷路的小朋友指點路線、為下班回家的爸爸媽媽送上一杯熱茶、把自己的玩具和圖書捐獻給貧困山區的孩子時，家長都要對他們給予肯定，在強化其愛心行為的同時，遏制冷漠心理的滋生。

書籍是人類的良師益友。在此，再為家長朋友們推薦一本關於感化教育的書籍——《把心靈獻給孩子》。書中貫穿始終的是怎樣用「愛心」去對待學生，但依然適用於家長對孩子的教育。愛雖然不能取代教育，但沒有愛的教育肯定收不到良好的效果。

可以更好

1. 要想讓孩子真正關心、體貼他人，就必須引導孩子站在他人的立場上，設身處地為別人著想。家長可以經常和孩子玩「假如我是……」的角色換位遊戲，讓孩子體驗相關角色的內心感受，認識到他人也渴望得到關心和幫助，進而改變冷漠態度。

2. 以柔克剛。當青春期的孩子變得冷漠反叛時，千萬不要和孩子太過較勁，要避免與孩子發生正面衝突，以保護孩子的自尊心。即使孩子犯錯了，也要從孩子的角度幫他分析事情的因果關係，「曉之以理，動之以情」，讓孩子自己去分清是非，意識到自己的不對，並願意發自內心地主動改正。

3. 積極關注。每一個孩子都有自己閃閃發光的一面，即使再調皮的孩子也會有值得挖掘的潛能。家長可以在日常生活中仔細觀察孩子的言行，幫助孩子一起找到閃光點，並不斷加以肯定與讚揚，讓孩子的自信心得到不斷提升，培養孩子的幸福感。

第六節 當青春期撞上更年期

成長故事

47歲的劉女士終於忍不住去看心理醫生了，訴說她一年來的煩惱：進入更年期的她，這一年一直和處於青春期的女兒樂樂（化名）矛盾不斷。女兒即將迎來指考，她知道不能和女兒鬧矛盾，以免影響女兒「備戰」。但她就是控制不住自己，而女兒彷彿是故意和她作對似的。

劉女士說，以前女兒很乖巧聽話，現在卻表現得處處不如人意：女兒說沒衣服穿，她給買回來，不料女兒只看了一眼就把它擱在一邊；事先沒打招

孩子在左，父母在右：如何與青春期孩子相處

第一章 青春期，孩子向左，父母向右

呼，就約同學在外面剪了個她不喜歡的髮型回來；放學回家後不抓緊時間看書，卻抱著手機一個勁兒地上網……說到傷心處，劉女士忍不住流下淚來。

而她的女兒樂樂是怎麼想的呢？心理醫生從樂樂那裡聽到了不同的聲音：「不管我做什麼，媽媽總對我不滿意。雖然我的成績在班裡能排上前十名，可媽媽還是不滿意，每次考試成績一出來就開始埋怨，總之在她的眼裡我就是不合格，有一次竟然動手打我。」回憶起跟媽媽的每一次衝突，樂樂倍感無奈：媽媽進入更年期，就可以不講理了嗎？

原來如此

在青春期，不僅青少年本身經歷了許多生理與心理的變化，他們的父母也在經歷許多變化。這一時期，多數青少年的父母年齡處於45歲左右，母親往往處於更年期。青春期遭遇更年期，親子關係變得很微妙。根據生理和心理學上的說法，這兩個時期恰好是人生兩個有轉折意義的時期，也是一個在生理上發生明顯變化和情緒不穩定的時期。

「兩個更年期，敵不過一個青春期。」看來這句網上流行的妙語具有一定的普遍性。青春期的孩子敏感、易怒、任性，處於更年期的父母也同樣要應對特殊時期的生理難關。兩相對峙，只能給家庭帶來困擾。

處於青春期的孩子在透過競爭增強自信心的過程中並不是找與自己同齡的「優秀生」，而是喜歡挑戰權威。在孩子心裡，這種權威主要是老師和父母。父母此時最好能表現出有原則的退讓，從而幫助孩子增強這種自信。同時應給予孩子更多的尊重和自由，比如尊重他們的愛好，允許孩子寬鬆交際等。隨著孩子漸諳世事，他們對父母也會多一點理解和體貼，雙方關係會重新走向親密融洽。

溝通祕笈

良好的親子關係勝過很多教育。父母和孩子的關係好，對孩子的教育就容易成功。而建立良好的親子關係，關鍵在於定位。

1. 不要「審判」孩子

有些父母看到孩子出了問題，便迫不及待當起了「法官」，這對於建立良好的親子關係是很不利的。孩子的內心世界豐富多彩，父母要積極影響和教育孩子，不瞭解其內心世界，教育便無從談起。而瞭解孩子的第一要訣是呵護其自尊，維護其權利，成為其信賴和尊重的朋友。

2. 做他的「啦啦隊隊長」

在人生的競技場上，孩子只能自己去努力。父母無法替代孩子，也不應該自作主張去當裁判。而是應該給孩子一種保持良好競技狀態的力量。這樣能夠更好地幫助孩子建立自信心，而這正是家庭教育的核心力量。

3. 你是孩子的一面鏡子

孩子只有認識自己才能戰勝自己，但他們通常只能依據他人的反饋來認識自己，這時父母的反饋就顯得很重要了。學做鏡子，才能幫助孩子提高自我意識，才能讓孩子不害怕父母的「權威」，進而和父母溝通。

4. 尊重孩子的獨立意識，選擇民主的家教方式

父母應該致力於和孩子建立較為平等民主的親子關係，努力在家庭中營造相互信任、理解、尊重的家庭氛圍，把孩子當作家庭中平等的一員，有關家庭的一切決定可讓孩子參與並發表自己的看法。課餘讓孩子承擔一些力所能及的家務事，使他們有機會體會成人的責任感。

5. 關注孩子的精神世界，並給予適時的指導

青春期孩子身心的快速發育給孩子帶來了巨大的困惑。他們既有面對巨變不知所措而陷入孤獨之中的一面，同時又有渴望得到別人的諒解、關懷和指導的一面。父母要正視孩子這一精神需要，克服難為情的心態，透過家教的方式向孩子講授青春期的知識。

6. 掌握批評的藝術，保護孩子的自尊心

俗話說：「玉不琢，不成器；人不學，不知義。」當孩子有了過失行為時，父母不可放任不管，要透過批評的方式去糾正，但是需要掌握批評的分寸和原則。批評的最高境界在於既不傷害孩子的自尊心，又能夠使孩子為自己的

過失感到難過和內疚，進而從內心深處萌發改正錯誤的願望。因此，批評要公正，要注意場合，切忌在眾人面前批評孩子，也忌諱用挖苦、諷刺、翻舊帳的方式批評孩子，批評時還要避免使用傷害孩子自尊心和人格的語言。

可以更好

調適這一時期的親子關係，父母應該把握的一個大原則是：善於尊重和理解青少年心理發展的核心特點——獨立意識和成人感。既要看到他們思想獨立和趨向成熟的一面，又要看到他們還不太成熟、需要嚴格要求的一面；對孩子既要表現出尊重和信任，又能夠給予及時的幫助和指導。

良好的親子關係中另一重要因素是來自父母的溫暖、關注和接納。一些家長想當然地認為青春期孩子長大了，不再需要父母太多的關注，過多的關注會降低孩子的獨立性。但對青春期孩子的相關研究結果表明，這些想法是不對的。青春期的孩子若能繼續得到來自父母的溫暖及呵護，有利於他們親社會行為的發展，還可以減少抑鬱、焦慮等心理問題，從而避免那些反叛及冷漠行為的出現。所以，家長們記得給予你們青春期孩子溫暖的呵護哦！

總之，青春期親子關係改善的主動權，仍然掌握在父母手中。只要父母認識到孩子心理變化的特點並適時做出調整，和諧的親子關係仍會伴隨著每個家庭。

第二章 拉近兩顆心的距離

　　青春期孩子的內心世界並不是布滿地雷的禁入區，恰恰相反，感到孤獨的孩子從內心渴望被瞭解、被關注、被愛護。當然，敏感的孩子也不會讓父母輕易進入自己的內心世界，畢竟這裡隱藏著不計其數的小祕密。

　　父母要走進孩子的內心世界，就要瞭解青春期孩子的心理變化和問題。繞過那些青澀的小祕密，躲過那些自我防禦的荊棘，避開自閉情緒的雷區，你會與青春期的孩子開始一次密切的心靈溝通。

▌第一節 孩子，你孤獨嗎？

成長故事

　　國三學生李小藝（化名）在日記中寫道：「為什麼周圍的人都不理解我呢？想找個說心裡話的人都沒有。我該向誰說說我的感受呢？感覺好孤單啊。同學們都忙著上課做作業，應付一場接一場的考試。彼此之間住得也很遠，平時連個聊天的時間都沒有，更別說在一起玩了。我覺得自己的世界隨著成長越來越小，越來越單調。我渴望跟爸爸媽媽或同學們聊聊天，就像小時候那樣快樂無憂。我希望自己的世界可以變得多姿多彩，每天都有許多新鮮事，而不是充滿了這可惡的孤獨。」

　　國二女生莎莎（化名）從小就是爸爸媽媽的掌上明珠，父母對她有求必應。可15歲的她生活得並不快樂，她說：「我孤獨地度過了15年，這期間嘗盡了孤獨的痛苦。每天放學回家面對的是爸爸媽媽留下的空房子，他們都好忙啊！我像一個被拋棄在另一個世界的人，真是孤獨到連找一隻螞蟻聊天的機會都沒有。今天是我15歲的生日，桌上擺著蛋糕點著蠟燭，卻沒有人為我唱祝福的歌，父母都到外地出差了。」

第二章 拉近兩顆心的距離

原來如此

青春期的孩子最深的情感體驗就是孤獨。他們對生死，對人生都有了朦朧的認識，然而由於心理承受能力弱，往往會將事情想得很糟糕，容易對人生和社會失去信心。他們覺得自己是大人了，總想一夜之間成熟起來。對他們來說，父母的關心不再像過去那樣打動心扉，反而覺得嘮叨刺耳；老師呢，似乎也失去了往日的威信。他們希望像一個大人那樣擁有自己的天地，然而卻得不到支持，於是就會覺得幹什麼都不被理解；就連平時挺要好的同學，現在也不是那麼親密無間、無話不談了。自己一肚子的心事，不知道該和誰談，怎麼談。

青春期，是孩子向成人轉變的過渡階段。在這個階段，有關自己和社會的各種訊息紛至沓來，社會賦予他們的角色一下子增多了：不僅要做子女，還要當學生；在同學中想成為被人接納和喜愛的人；希望得到成年人的尊重和信任。要在不同的環境中扮演好相應的角色，對於孩子來說並不是一件輕鬆的事情。可是他們又想表現得獨立和成熟，於是一方面特別需要和別人探討和交流，一方面又不願意敞開心扉。

北京某研究所發布了一項最新調查結果，發現約34.9%的孩子對「孤獨」感到擔心、憂慮。負責該項調查的研究員紀秋發介紹說，在這項歷時一年，共訪問了北京市1000名學生的調查中，他們發現很多孩子經常提及「孤獨」「鬱悶」之類的詞。

然而，由於對「孤獨」的看法不同，不少父母並不能理解孩子們內心的渴望，這導致兩代人的交流減少，甚至形成更大的鴻溝。其實每個孩子在內心中都會期待和家長交流。但是，如果溝通的方式和渠道出現問題，久而久之，孩子們就會覺得迷茫、害怕，進而產生心理上的問題。

溝通祕笈

作為家長，當我們看到孩子陷入孤獨之中時，如何才能幫助孩子消除孤獨呢？首先，家長應該明白青春期的孤獨是心理成熟的一種標誌。它意味著一個人開始把自己的興趣從對外界的關注中轉移到了自我上，試圖瞭解自己

是怎麼一回事，開始思考人生的價值和意義。這種將目光轉移到自我的內心體驗是一件好事。而在行動上，家長可以像下面這樣做。

1. 幫助他們克服自卑心理。你可以告訴孩子，自卑如同作繭自縛，不衝破自卑這層「繭」，就難以走出孤獨的沼澤。一個人只有充分相信自己，才能使別人相信你。只有鑽出自己織的「繭，」才能抑制孤獨情緒的產生。

2. 要努力理解孩子的心理狀態，多用平等、協商的口吻，疏導、引導的方法，避免使用訓斥、命令的口吻和強迫的辦法對待孩子。

3. 鼓勵他們多與外界交流，尤其是與同輩群體交流。一般認為青春期的孤獨感來自孩子對父母權威的失望與叛逆，但事實上孤獨感的產生是比較奇怪的。青春期人的親密感通常來自同輩群體，例如同學和朋友。因此，作為家長，要鼓勵孩子交朋友，鼓勵他們與同學和朋友進行交流。必要的話，可以為孩子在家裡準備一場派對，邀請孩子的好朋友們到家裡來做客。雖然現在有很多孩子都是獨生子女，但獨自生活並不意味著與世隔絕；雖然客觀上與外界交流造成困難，但依然可以透過某些方式達到交流的目的。與朋友的交往和聯繫，不應該只是在你感到孤獨時。要知道，別人也和你一樣，需要並能體會到友誼的溫暖。

4. 引導孩子「忘我」地與人交往。與人們相處時感到的孤獨，有時會超過一個人獨處時的十倍，這是因為你和周圍的人格格不入。在與他人相處時，無論是在什麼樣的情境下，都要做到「忘我」，並設法為他人做點什麼。你應該懂得溫暖別人的同時，也會溫暖你自己。

可以更好

儘管青春期的孤獨感代表一種成熟，表現為一種內心的寧靜，心情不那麼浮躁，不隨著周圍的人追趕時髦，代表了尋找心靈的寄託與歸宿。然而，這種孤獨的另一面也不可被忽視，孤獨畢竟意味著離群索居，總會有心情的沉重與壓抑。所以，家長還要幫助孩子從孤獨中走出來。

德國心理學家斯普蘭格說：「沒有誰比青年人從他們孤獨小房裡，更加用憧憬的目光眺望窗外世界了；沒有誰比青年人在深沉的寂寞中更加渴望接

觸和理解外部世界了。」這種孤獨感正是孩子自我意識發展的一種表現。隨著年齡的增長、社會生活經驗的豐富和自我探索的深入，他們會逐漸獲得一種熟悉自己，對自己有信心、有把握的感覺。那時，他們既能夠獨立思考，又會樂於與人交流了。

作為青春期孩子的父母也應該明白，每個人在一生中都會或多或少地體驗到孤獨感的存在。有孤獨感並不可怕。但是如果這種心理得不到恰當的疏導或解脫而發展成為習慣，就會使人變得性情孤僻古怪，嚴重的甚至可能會變成孤獨症，這就需要心理醫生的治療了。

孔子曾說過：「獨學而無友，則孤陋而寡聞。」我們應引導孩子學會更多地與他人交往，消除在成長過程中的孤獨和煩惱。

在對孩子進行消除孤獨的引導時，如果能讓孩子明白下面的道理就更好了：既要看到自己是獨一無二的人，又要看到自己與其他人一樣，都是凡人。每個人都會有喜怒哀樂，也許考試沒考好，也許和朋友發生了不愉快，這對你來說是煩心事，可你應當想到，這些事情同樣有可能發生在別人身上呀。因此，引導孩子不必過於關注自己的體驗，要努力做到「不以物喜，不以己悲」，凡事要想開些，看淡些。不要總糾纏於自己的情感與想法，要努力向外部世界伸展，外面的世界很精彩。同時，也要懂得和別人分享自己的情緒。如果我們不能超越自己的孤獨，就會變得精神自戀與自我封閉，會變得故步自封起來。和別人一起分享你的快樂，你就會變得喜上加喜；難過時和別人一起分擔悲傷，朋友可以和你一起承受，減少你的不愉快。這樣既有利於自己情緒的宣洩，也避免了孤獨的滋長。因此，要教孩子正確面對孤獨的來臨，不要將孤獨視為心理上的負擔；要勇敢超越自己的孤獨，學會與人分享，打敗孤獨，戰勝自我。

第二節 走進孩子的內心世界

成長故事

　　幾年前，李陽（化名）拒絕高考，爸爸調侃他為「李韓寒」。幾年過去，李陽現在是什麼狀況呢？走進他的房間，沙發上、茶几上、陽臺上到處是書籍。電腦落滿灰塵，似乎很少用。他足不出戶，從來不與人交流，哪怕是父母，只有幾個要好的同學假期來訪才會說幾句話。每天和爺爺奶奶在一起，吃很少的飯，幾乎不花錢。去沿海打工，一個月就返回了。當爸爸走進他的房間，隨手拿起一本書翻看，還沒看清書名就被他「沒收」了。然後，他頭也不回地下樓離開。顯然，他心理嚴重封閉，完全遁入自我世界。

原來如此

　　「這些孩子到底怎麼了？」這是一個疑問句，反映了父母迫切想瞭解孩子，渴望知道孩子內在思想和情感的心情；這也是一個感嘆句，表達了父母對孩子不良表現的不滿、焦慮和無奈。陶行知說：「真教育是心心相印的活動，唯獨從心裡發出來的，才能達到心的深處。」擁有心對心的尊重，才會具備明察秋毫的教育敏感和化險為夷的教育智慧。

　　孩子在青春期正是認識世界和形成自己思想的黃金階段，他們因此變得非常敏感。對於碰到的傷害和挫折並沒有足夠的承受能力，如此長期得不到關注與幫助，長久積累在孩子心裡就會產生自我封閉的情況。

　　現在的孩子獨生子女較多，這些孩子的心理承受能力往往比較脆弱，情感的依賴性比較強。不少孩子過於嬌慣，很多家長不敢說不敢管，都依賴老師教育。其實孩子也渴望自己的父母既是師長更是朋友，期望與心目中尊敬的家長有朋友式的感情交流。父母只有走進孩子的心靈深處，才能洞悉孩子的內心世界，才能理解孩子的行為表現；只有理解孩子的行為表現，才能與孩子進行有效溝通，真正解決孩子面臨的青春期問題。

孩子在左，父母在右：如何與青春期孩子相處

第二章 拉近兩顆心的距離

溝通祕笈

如何使父母和孩子的相處與交流非常融洽？正確的做法是：第一讓孩子走近父母；第二讓父母走進孩子的心靈。如何真正地走進孩子的心靈，實現與孩子心與心的交流？建議從以下幾個方面入手。

1. 用「愛」去教育孩子，愛心是走進孩子心靈的保證。教育是愛的藝術，是心與心的認同，是心與心的昇華，是心與心的溝通。教育家夏丏尊先生認為：「教育不能沒有情感，沒有愛……沒有感情，沒有愛，也就沒有教育。」

2. 瞭解孩子的「底細」，主要應瞭解孩子的性格、興趣愛好、對學習的態度、習慣養成等方面。充分利用一切時間走近孩子，全面瞭解孩子的情況，只有這樣的教育才能知己知彼。知曉了這些，就為走進孩子的心靈打下了堅實的基礎。在此基礎上，真實而準確地瞭解孩子的反應並給予及時的指導和反饋，注重與孩子情感的溝通與交流。

3. 要贏得孩子的尊重，也要學會尊重孩子。你要讓孩子做什麼，一定要讓孩子知道為什麼這樣做。要充分信任孩子，並能寬容孩子，允許他犯錯，因為孩子畢竟是孩子，但同樣的錯誤不能犯兩次。如果再犯，他一定覺得沒有尊重你，因為尊重是相互的。家長只有放低姿態，平等對待和尊重孩子，才能獲得孩子的尊重。也只有平等對待孩子，才能真正走進孩子的心靈。

4. 不斷提高自己各方面的能力。家長要有自己的人格魅力，能用自己的知識豐富孩子的知識，用自己的智慧啟迪孩子的智慧，用自己的高尚思想品德薰陶孩子，用自己的情感激發孩子的情感，用自己的意志調節孩子的意志，用自己的個性影響孩子的個性，用自己的心靈呼應孩子的心靈，用自己的靈魂感染孩子的靈魂，用自己的人格塑造孩子的人格。

5. 表現出適當的「無知」。孩子青春期前，家長扮演的是一個「無所不能」的角色，是孩子強有力的後盾，給了孩子強烈的安全感。孩子進入青春期以後，家長就不是這樣一種「無所不能」的角色了。此時如果還表現出無所不能，什麼都懂，孩子都要聽我的，就很不合適了。那該怎麼做才能表現出適當的「無知」，保護孩子的自尊呢？最重要的便是把自己從權威的角色上放

下來，可以告訴孩子：「媽媽（爸爸）不太知道你們現在想什麼，要做什麼，你需要媽媽（爸爸）什麼樣的幫助，明確告訴媽媽（爸爸）好不好？」

可以更好

　　一位心理諮詢師遇到過一個諮詢者，他女兒是「哈韓族」，家裡擺滿了韓國的東西，韓國影星的照片貼得到處都是，女兒染著黃頭髮，吃韓餐，學韓語。一有韓國歌星演唱會，女兒曠課也要去聽。父親是一個公司的部門經理，非常著急，問這位諮詢師該怎麼辦。這位諮詢師向他建議：你也裝著是「哈韓族」，也把韓國明星照片貼在臥室裡，也放韓國歌星的歌，也裝著學韓語。結果沒多久他女兒就把韓國明星的照片收起來了，頭髮也染回黑色了，為什麼？因為孩子需要和爸爸媽媽有所區別，他一放韓國歌星的歌，女兒就特煩：「怎麼又放韓國的歌啊？」孩子其實是在表現逆反情緒，爸爸不讓我「哈韓」，我偏要，看你怎麼辦。這表示她在長大，有了全新的自我。如果我們不壓制她，反而認同她，她逆反的動力就會消失。

　　首先，各位家長要正確瞭解自己的孩子。這個前提就是讓自己再次成為孩子，所以這個需要家長不斷卸掉自己的嚴肅，具體是要做到用孩子的眼光和行為來審視這個世界。

　　其次，家長要改變自己不好的溝通習慣。不良的溝通習慣包括：想當然溝通，隨意評判孩子，給孩子貼標籤等。「沒出息」這種標籤被貼上後，孩子就會自認為是個沒出息的孩子。久而久之，孩子的自信心就會受到打擊。

　　再次，聆聽孩子並認同孩子的感受。聆聽是一門藝術，同時也是讓孩子開口說的前提。不聽孩子說什麼，怎麼知道他在想什麼？不聽孩子說什麼，又怎麼能瞭解他、管教他？所以，爸爸媽媽想要瞭解孩子，必須先要聽孩子說話。要養成傾聽孩子說話的習慣，並不很困難，只要告訴自己「少開尊口」就可以了。當孩子在述說一件事時，你儘量忍住不要打岔，只需不時點頭、微笑，或以簡單的言語鼓勵他說下去就可以了。

　　當孩子向你傾訴時，你除了當好一名聽眾之外，也要認同孩子的感受。先讓他盡情宣洩自己的情緒，為了表示你對他談話內容的關注，你可以在孩

子傾訴時使用「啊」「是嗎」「後來呢」等詞語，鼓勵孩子繼續說下去。有時還可以進一步詢問具體細節，這樣會讓孩子覺得你確實在關注他，孩子才會很樂意向你傾訴。

最後，要欣賞和及時肯定孩子。當我們因看到孩子好的行為而及時肯定孩子時，他會非常樂意將這個好的行為保持下去，並願意來跟你分享。父母對孩子的肯定可以是一個讚美、一個微笑、一個擁抱。當你嘗試著做以上幾點時，相信你就能很容易地走進孩子的內心。

第三節 讓我們做好朋友吧

成長故事

上了國中之後，劉想想（化名）在好哥們的帶領下成了一個不折不扣的「網迷」。除了上網，他感覺在學校、在家都沒有任何快樂。他也認為學習有用，但就是坐不住，就連他自己也控制不了自己。面對父母的勸說，他覺得父母很煩，他感覺自己上網時自由自在，快樂無比，父母的種種說教他左耳朵進右耳朵出。後來，想想對父母的批評教育由不耐煩轉為憤怒。一聽到父母的「嘮嘮叨叨」想想就忍不住大發雷霆，摔門就走，不吃飯或一句話不說，甚至離家出走……

原來如此

像劉想想一樣處於青春期的孩子，可能會逃學厭學、沉迷於網路、離家出走，更有甚者出現早戀、自閉、抑鬱等。看看青春期孩子那叛逆、無辜而又期盼的眼神，再聽聽家長一次又一次的抱怨，都讓人們深思現在的孩子究竟問題出在哪裡呢？由於父母對青春期孩子的特質並不瞭解，往往出現這樣的情況：孩子越不願意說，父母越想知道。處於這樣一個階段，家長的心態需要做出相應的調整，親子關係也需要一個重要的改變，從對孩子各方面悉心照料，轉向默默守護孩子。在這個階段，父母應該努力克制想要干涉的心理，用信任和尊重的態度來等待孩子成長，才是給孩子最大的支持和幫助。

故事中的劉想想正是把父母對他的關心視為「嘮嘮叨叨」，因此才產生了叛逆的行為。

　　教育子女真不是件輕鬆的事，它沒有最好的方法，沒有固定的模式。因為沒有兩個個性完全相同的孩子，家庭教育沒有標準答案，家長應該尋找一套適合自己孩子的教育方法。孩子就像是一張白紙，最後是成為一幅美麗的畫卷還是醜陋的塗鴉，就看家長怎樣來描繪。

　　一個稱職的家長，要善於扮演多種角色，可以是嚴父也可以是慈母，可以是良師也可以是益友。成功教育孩子的過程，也是自我提高的過程。做良師，首先父母要以身示範，以自己的言行做孩子的榜樣。當孩子在學習上遇到難題時，父母能扮演良師的角色，予以指導。當孩子寂寞孤獨時，父母應該扮演他的益友角色，讓孩子感受到父母是他的港灣。家長能這樣平等與孩子談心，孩子就會把家長當作他的知心朋友。不要總認為孩子小，太多事情做不好，應該讓他們做一些力所能及的事。

溝通祕笈

　　首先，家長和孩子心態的調整非常重要。大人要不急不躁，坦然面對，並能積極健康地引導孩子做好心理準備。要讓孩子知道做任何事情都會有成功和失敗，只要盡力就不會遺憾。

　　其次，不過分強調孩子的缺點。對孩子的教育要耐心，對他的愛要穩定，不要動不動就發脾氣打罵，也不能溺愛。教育孩子在校要和同學和睦相處，互相幫助，和同學有了矛盾要積極解決，學會寬容，學會換位思考。古語說：「己所不欲，勿施於人。」自己都辦不到的事情，切莫要求孩子一定做到。

　　再次，認真傾聽。在與孩子面對面時，少一些說教多一些傾聽，經常和孩子交流、溝通，做孩子的好朋友，傾心聆聽孩子的心聲。剛開始每個孩子都會和父母說一些心裡話，如果家長常常以說教者的姿態來面對，你慢慢會發覺越來越難聽到他們的心裡話了。當孩子告訴父母心裡話時，無論事情對錯，父母都要耐心傾聽，從中捕捉一些我們關注的訊息。聽完後父母再說出

對這件事自己的觀點是什麼，為什麼會有這樣的看法。這樣孩子會比較容易接受。

可以更好

父母應是孩子的典範，是孩子的教科書，出色的父母會理智地對孩子進行示範、引導、激發和培育。冰心有句名言：「成功的花，人們只驚羨她現時的明豔！然而當初她的芽兒，浸透了奮鬥的淚泉，灑遍了犧牲的血雨。」

父母沒有對孩子辛勤付出卻奢望孩子能出類拔萃、獨占鰲頭，這怎麼可能呢？出色的父母會和孩子一同成長，父母失去的可能是娛樂，可能是應酬，可能是消遣，同時還要花費時間、精力、心血，但是得到的卻是孩子出眾的才華。

有一位教育青春期孩子頗有成效的家長在介紹自己的心得體會時打了一個比方。他說：「教育青春期的孩子如同放風箏，沒有繩子或線太短都不行。風箏沒有一定的活動自由，是放不起來的，風箏線必須有一定的長度，使得風箏在一定的限度內可以自由飄動，風箏才會放得有聲有色。然而，放風箏的人絕不可以撒手不管。一旦撒手，失去控制，風箏就會隨風飄去，最後必將跌落下來，摔個粉身碎骨。」這位家長深刻的比喻，值得每一位青春期孩子的家長深思。

▍第四節 做自己情緒的主人

成長故事

某天的早餐桌上，王媽媽應兒子的要求為全家準備了湯麵，而且特地為先生和讀中學的兒子分別盛了一大碗麵。先生第一口麵一進嘴，直喊：「怎麼這麼辣！」兒子望著面前的麵，也加了一句：「這麼一大碗，不吃了！」想起自己一大早起來做早餐，媽媽傷心極了。

第四節 做自己情緒的主人

原來如此

　　從王爸爸的言語中，我們看到了孩子叛逆行為的映射。故事中的爸爸和兒子在表達看法的時候，都沒有顧及媽媽的感受，明顯情商有待提高。父母幫助孩子提升情商，應從小做起。比如給孩子提供培養穩定情緒和發展各種能力的家庭環境，尤其是父母本身的情緒和個性不能急躁、無耐性、沒信心，因為父母是孩子最早、最直接的學習模仿對象。父母不要過分重視成績，擔心未來。只要用心去做，在過程中努力，總有一天父母和孩子都是情商的受益者。

　　假設這個時候，媽媽這樣做就可以為兒子做一個好的榜樣：王媽媽靜靜地走到兒子身旁，把兒子碗裡的麵撥一些到自己碗裡，微笑著對兒子說：「這樣子就不會太多。」兒子沒有言語。然後她到廚房盛了一碗湯放在餐桌上，說：「太辣的話可以加點湯。」她看到兒子雖然低著頭吃麵，但臉上的表情卻緩和多了。飯後，她又從冰箱裡拿出西瓜，切了幾片放在餐桌上，說：「覺得辣，吃片西瓜。」這時，先生的表情也會不同了。全程沒有產生一絲火藥味，王媽媽為家人提供了一頓不錯的早餐。

做自己情緒的主人究竟有多重要呢？一個人應儘量排除消極情緒，保持積極情緒。心理學情緒測驗證實：愉快、平穩的情緒，可使大腦處於最佳活動狀態，往往使人精神振奮、幹勁倍增、思維敏捷、效率提高；反之，當一個人情緒糟糕的時候，常常沒精打采、思路堵塞、效率下降。因此可見，對於青春期情緒波動較大的孩子們來說，幫助他們找到管理自己情緒的良方是多麼重要啊！讓我們一起來看看下面的溝通祕笈吧！

溝通祕笈

　　一個孩子若在成長中懂得換位思考，學會與別人和諧相處；從事一些活動或工作不輕言放棄，有著堅持下去的毅力，那麼他在將來長大成人後，很可能就會有很好的人際關係和事業成就。同時，一個人的個性若是穩定、不急躁、有自信，亦能幫助其在未來獲得成功。父母可以從以下幾個方面入手幫助孩子控制好自己的情緒。

第二章 拉近兩顆心的距離

1. 察覺孩子的情緒。當父母發現孩子有不明來由的怒氣或沮喪時，不妨停下來瞭解他們生活中發生了什麼事情，並且運用一些方法來引導孩子合理表達各種情緒。

2. 體察情緒是親近孩子和教導孩子的好機會。父母在情緒的疏解方面要給孩子以協助，幫助他們理清情緒、瞭解情緒，才不至於使孩子的負面情緒擴大或惡化。

3. 確認孩子的情緒。孩子的情緒需要父母透過注意他們的身體語言來覺察，如臉部表情和姿勢。因此，父母可以用一種輕鬆但專注的態度來傾聽孩子，瞭解他們的情緒。如說：「你今天看起來有點累？」然後，等待孩子的反應。

4. 幫助孩子以言語表明情緒。當父母看到孩子流淚，可用同理心來反應：「你覺得很傷心，是不是？」孩子也如同成人一樣，他們同時也會有兩種以上的混合情緒。這時父母可以透過言語讓孩子瞭解這是正常的，比如父母可以對孩子說：「我知道你對參加少年棒球隊選拔有點興奮，也有點害怕。」

5. 與孩子商討解決之道。父母要讓孩子瞭解自己的情緒不是問題，偏差行為才是問題，這是幫助孩子成長和進步的關鍵。當孩子因情緒問題出現偏差行為時，父母可以與孩子一起討論問題的解決之道，幫助孩子順利解決問題。舉例而言，父母可以說：「你很生氣小杰拿了你的東西，如果是我也會生氣，但你打他是不對的。讓我們想想有沒有其他解決的方法。」

6. 拓展孩子的興趣愛好，豐富他們的課外活動。這屬於幫助孩子增加積極體驗的方式，讓孩子從感興趣的事物中感受到幸福與快樂，從而獲得積極的情緒體驗，幫助孩子從消極的、不穩定的情緒中走出來。當消極情緒降臨到孩子身上時，可以拓展孩子的業餘活動範圍，甚至參與到孩子感興趣的活動中陪伴孩子，讓他們不至於沉溺在消極的情緒中不能自拔。此外，豐富的業餘活動也能夠培養孩子多方面的興趣愛好，增加生活的情趣，使孩子們保持積極而良好的情緒狀態。

7. 幫助孩子合理宣洩不良情緒。做自己情緒的主人，管理自己的情緒，並不一定是壓抑消極的情緒而始終建立積極的情緒。因為不良情緒長期壓抑在心中，就可能影響神經系統的功能而引發身心疾病。不僅僅青春期的孩子，每個人每天都有可能會有消極的情緒體驗。當這種消極的體驗來臨時，家長要告訴孩子：每個人都會有不開心的事情，但我們要學會對不開心的事情以及帶來的消極情緒進行理性的處理及合理的宣洩。傾訴、做運動、積極改善自己的認識和觀念，心情會頓感舒暢。

可以更好

青春期的孩子們情感豐富、易動感情、渴望理解、好交朋友，尤其需要家長或老師引導其樹立正確的成長觀、人生觀，正確認識和處理人與人之間的關係。透過溝通交流、彼此瞭解，達到理解和相互體諒、相互支持的目的，這些舉措對調適情緒會很有幫助。

找到不良情緒的根源。如果沒有解決辦法，過後想起來還是會鬱悶的。孩子焦慮多是心裡有解決不了的問題，所以治標還要治本，幫他找到解決的辦法，他的情緒自然就會疏解。

提醒孩子對家人不要有對抗的情緒，有事說事，帶情緒是不能解決問題的，這個為人處世的道理走入社會也是一樣。解決問題是後面的事情，緩解情緒是第一步，歇斯底里地叫囂著把自己的觀點說出來，就算有理也沒理。太多孩子對父母說話不客氣，其實是潛移默化的家教帶來的。

搞好親子關係，引導孩子能及時和父母說出自己的心理困惑或者不良情緒。如果能讓孩子在自己面前暢所欲言，是家長的幸福。孩子如果能什麼話都跟你說就好了，因為能做到什麼都跟你說是很不容易的。

第五節 青春期孩子需要陪伴

成長故事

小黃是個13歲的男生，學習成績不好，在校表現較差，平時考試幾乎是班上最後幾名。性格膽小、自卑、多疑、不愛動。在交往方面也存在很多問題：不合群，孤獨，害怕參加集體活動；自卑感強，不願與老師和同學相處、說話。曾經因學習上的事對老師說過謊。上課從不主動舉手回答問題，即使被老師叫起來也因緊張而說不完整，語言表達能力差。小黃的家離學校比較遠，他屬於寄宿生。父母都是農民，經常外出做臨時工，沒有時間也沒有精力與小黃溝通和交流。唯一的交流就是問考試成績，一聽說成績不理想就是一頓打罵。長期這樣，小黃也不再有實話對父母講了。總之，這是一個缺少愛與溝通的家庭。

原來如此

我們可以看到的就是，這個例子中的父母和孩子缺乏溝通，讓孩子感到孤獨和無助。

我們瞭解了青春期這個人生的特殊階段的複雜性及孩子內心的矛盾，青春期的孩子容易自我，更年期的父母容易被激怒，這就是所謂的「青春期撞上更年期」。有些父母採取隱忍的態度，不顧一切避免衝突，往往只產生負面效果，也不是一個具有完整性格的人所應有的態度。敢於面對與孩子之間的衝突，進而掌握妥善處理衝突的技巧，才能使一個人更成功和開心，才會進一步得到孩子的敬重。

如果父母照顧不到或者放手不管，其後果的嚴重性是不言而喻的。處於青春期的孩子，內心存在許多迷茫和困惑。孩子們在一起就是為了相互取暖和尋找成長的力量，然而他們自己的能力畢竟有限，這時就需要父母給予貼心的關懷。作為父母，要竭盡全力不讓迷茫的孩子在困境中摸索，不讓失落的孩子找不到回家的感覺。

要使青春期的孩子懂事、獨立，父母應儘早放手，做一個既陪伴在孩子身邊又教會他獨立的「老師」，教會孩子在困難和問題面前要學會獨立思考與解決。但這整個放手的過程切記千萬不要忘了無聲陪伴的重要性！放手並不等於不聞不問，甚至沒有了對孩子的陪伴！只有如此，才能使孩子把你視作朋友！

溝通祕笈

做青春期孩子的父母是不容易的，父母可以參考以下幾點，並盡可能在生活中做到。

1. 給孩子說話的機會。父母要善於傾聽孩子的心聲，並且態度要誠懇。

2. 學習孩子感興趣的東西。父母不妨花點時間體驗一下孩子迷戀的漫畫書及流行音樂等，不要輕易做出道德評價，而要理解孩子的興趣愛好和追求的合理性。

3. 積極調整親子關係。在情感交流上親子之間要力爭達到訊息平衡，父母要放棄自以為永遠正確的、居高臨下的姿態，善於向孩子學習。

4. 多聽聽孩子的意見。重要的家事，父母可以開誠布公地告訴孩子，聽聽孩子的意見，這樣有助於創造民主、平等的家庭氛圍。

5. 做好長期陪伴的準備。每個孩子青春期的前後要經過好幾年時間，等到孩子長大，成為意志堅定、有理想、有遠大抱負的青年，青春期才算真正結束。因此，家長對孩子青春期的陪伴與教育不是一蹴而就的事。家長們要放平心態，耐心陪伴，做好長期陪伴孩子，對孩子長期耐心感化的心理準備。

可以更好

對於青春期的孩子，家庭教育中最忌諱消極的評價、無情的斥責、不斷的猜疑、無理的苛求、空洞的說教和「無私」的溺愛。要使青春期的孩子逐漸懂事、成熟，幫助他們解除青春期的各種煩惱，父母最好用對待成人的態度，來引導他們明白自己「準青年」的身分。父母應儘早放手，做一個稱職

第二章 拉近兩顆心的距離

的成長參謀,讓孩子學會獨立思考、自覺行動。因勢利導才是正確的態度和家教上策。

作為生他養他,給他錢花的父母,很多人會誤以為教育孩子時訓斥孩子都是正常的事情。孩子惹你生氣的時候,可以罵他,孩子犯錯遇上自己暴躁的時候,甚至還不小心打了他⋯⋯這樣做,只會把孩子與父母的心拉得越來越遠。讓父母和自己的孩子做朋友,這樣的交流方式才是正確的。要怎麼做才能更好呢?父母只要把自己的位置擺對,心平氣和,不把孩子當成私有品,做到真正把他當成朋友的話,孩子是絕對願意親近你,和你做朋友的,這也是與孩子相處、陪伴孩子的最佳狀態。

青春期的孩子大多精力旺盛,對未來充滿夢想和希望,但也充滿了未知的恐懼。這個成長的過程可能長出歪斜的枝杈,所以,要及時修剪多餘的枝杈,保持樹幹的筆直和樹冠的豐滿,這就需要父母與孩子共同成長,始終陪伴在孩子身邊!

第三章 你的青春期，我們共同蛻變

你是否還在沿用幾十年前父母教育自己的那套方法來教育自己的孩子呢？你是否還認為「孩子是我自己的，怎麼管都行」呢？你是否認為孩子是自己的附屬品呢？你是否因為不信任孩子而不讓他做除了學習之外的任何事情呢？

你的觀念應該轉變一下了。

做父母的不僅要尊重孩子的獨立人格，還要時時檢討自身的做法，重新樹立科學的教育觀，這樣才能與青春期孩子和諧共處，將孩子培養成人。

家長朋友們，是該做出改變給孩子一個溫暖青春期的時候啦！跟著我們的腳步一起來看看吧！

第一節 信任您的孩子

成長故事

劉洋（化名）是家裡的獨子，爺爺奶奶非常溺愛他，父母沒有文化，教育方法簡單粗暴。國中二年級，他開始戴耳環、染黃髮、穿奇裝異服，抽菸、喝酒、打架鬥毆等。他自制力很差，上課最多能坐十分鐘，就要找藉口出教室去「散心」，遲到、曠課更是家常便飯。劉洋鬼點子很多，為了逃避上晚自習，他經常製造「停電」──把教室的電線剪斷，並在外面包上一層絕緣膠布，讓人檢查不出來。

這樣的孩子誰見誰頭疼。學校要求劉洋轉學，並給他父母下了「最後通牒」。老師「如數家珍」似的擺出了劉洋的一大堆缺點，並附上了一句話：「教育不是萬能的，我看這個孩子無可救藥了。」

原來如此

逆反心理，又稱叛逆對抗心理。青少年進入青春期後，獨立意識逐漸增強，他們為了維護自己的自尊，並沒有考慮到事情的曲直。逆反心理雖然不

是一件很好的事情，但是也反映出孩子們心裡的想法。青少年叛逆的原因多種多樣，其中不恰當的教育是引起青少年叛逆的最主要原因。

1. 無法消除的專制思想

很多父母的專制思想仍然存在，認為孩子不夠成熟，應該完全聽從父母；缺乏民主意識，嚴重忽略了孩子的想法。父母習慣用說教式的方法教育孩子，這樣使得孩子十分反感。在同一件事情上，許多父母自己都做不好，孩子要是做得不到位，就要責罵孩子。自己沒以身作則，又怎麼能讓孩子服氣呢？

2. 缺乏溝通引起的思想矛盾

劉洋的父母沒有多少文化，完全沒有要主動與孩子溝通，拉近與孩子關係的意識，這導致了處於青春期的劉洋在叛逆這條路上越走越遠，父母與孩子缺乏溝通，容易使孩子產生思想上的矛盾。進入青春期的孩子，思想慢慢獨立，做事情不希望他人干涉太多。而作為父母過於保護孩子，孩子的任何事父母都要插手，這樣一來，孩子會反感父母的處事方式，也對孩子的成長沒好處，使孩子不能真正獨立完成一件事。

3. 命令式說話語氣帶來的疏遠

父母喜歡用命令的語氣跟孩子說話，孩子自然會對父母產生畏懼，而不是發自內心地尊敬父母。孩子犯錯不敢對父母說，就是怕父母責罵。所以，孩子一般不會選擇父母作為傾訴的對象。如果父母能換種語氣對孩子說同一句話，其結果也會是大大不同的。

4. 教育環境的影響

儘管故事中的主人翁劉洋是個頑皮、叛逆的孩子，但是作為學校的教育者，老師們有沒有用合適的方法教導劉洋呢？劉洋的老師在面對孩子家長的時候對孩子的缺點如數家珍，卻完完全全沒有看到孩子任何一點點的閃光點和可以肯定的地方，並說出「教育不是萬能的，我看這個孩子無可救藥了」這樣的話。可以肯定的是，孩子在家庭沒有得到的關注，在學校依然沒有得到。這是一個被「冷落」的青春期少年，是冰冷的教育環境讓他走上了叛逆的不歸路……

溝通祕笈

　　11 至 14 歲屬於青少年早期，15 至 18 歲屬於青少年中期，18 至 21 歲屬於青少年晚期。一個人從童年期到青少年期要經歷青春期的過渡，其中會經歷很多心理和生理方面的變化，這些變化會影響父母與孩子之間原本和睦的親子關係。父母必須相應地調整自己的教育方式，以便幫助孩子順利走過青春期。

　　沒有不成功的孩子，只有不成功的教育者；沒有不良的孩子，只有不幸的孩子。試想，如果學校不接納劉洋，父母也放棄對劉洋的教育，劉洋的人生將會變得黯淡無光。

　　因此，如果孩子已沾染上不良習氣，家長千萬不要放棄對孩子的教育和挽救。如果你對孩子失去了信心，眼睜睜看著孩子走上邪路，你將會有永遠揮之不去的悔恨。不要忘記，教育孩子是一生的責任。孩子出現這樣那樣的問題，表明你是個不合格的家長。從現在起檢討自己的問題並努力改正，還為時不晚。

　　孩子不良行為的矯正，首先建立在家長教子觀念的改變上，建立在父母素質的提高、父母對孩子愛的基礎上以及父母對孩子的信心上。出現問題的孩子，正是最需要關愛和幫助的孩子，父母更要加倍疼愛他們，呵護他們。所有對孩子的教育都離不開對孩子信任的前提。相信你的孩子吧！然後再去思考如何教育的問題，這才是用心的教育。我們先一起來探索問題的原因，再去尋找與孩子之間溝通的祕笈。

　　在戀愛、理想等很多方面，子女和家長都存在分歧。許多學生表示渴望得到父母的理解和引導，但是溝通障礙困擾著很多家庭。溝通困難是家庭教育問題中最為嚴重的一個問題。其中，國中生大約從國二開始就進入青春期，更容易和父母產生溝通困難的問題，甚至會加劇矛盾。

　　現在的「問題學生」越來越多，主要原因有以下幾個方面。

　　1. 家長在撫養和教育意識上存在缺陷。從目前的調查情況來看，許多父母依舊對孩子採用單向的教育方式，即孩子必須服從父母的意志和想法，必

須依照父母的方式做事，和孩子處於不平等的地位。日積月累，孩子就產生了逆反心理，從而引發矛盾。

2.家庭教育方法和方式存在問題。許多父母鑒於自身的知識結構和素養，採用了打罵、威脅等不合理、不科學的教育方式對待孩子，加劇了和孩子之間的矛盾。

3.隨著社會的進步，孩子和家長在價值觀上會存在很大差異，雙方關注和關心的問題不一致，對事物的理解不同導致矛盾的產生。

4.家長對孩子完全「放羊式」教育，聽之任之。有那麼一些家長，把大把的時間放在了工作上，努力為孩子打造優質的物質生活，對孩子的心理成長放任不管，認為只要孩子有錢花就好了。

面對這些問題，該怎麼做才能利用好信任這把鑰匙，把孩子的心門打開，為孩子的青春期帶來最好的教育呢？父母是孩子的第一任老師，更是孩子的榜樣。孩子身上的優點與缺點、好習慣與壞習慣基本上都是來自父母和周圍環境的影響。所以要求孩子做到的，父母首先要做到。多欣賞孩子的優點，恰到好處的讚美是父母與孩子溝通的興奮劑、潤滑劑。家長對孩子的欣賞、讚美、鼓勵會增強孩子的自尊、自信。切記：讚美和鼓勵使孩子進步，批評和抱怨使孩子落後。儘量包容孩子的缺點，用放大鏡看孩子的優點，要知道世界上沒有完美的孩子，再優質的孩子都有缺點。父母無條件信任自己的孩子是與孩子溝通交流的重要基礎。

可以更好

家長與孩子的談心既是一種教育手段，又是一種藝術。一次成功的談心，能造成事半功倍的效果。一般說來，談心經常選擇的時間是在飯桌上或睡覺前。也可以在與孩子一起做家務或一起進行旅遊、逛街、散步等活動過程中進行，邊做邊談，親切自然，無拘無束。

選擇以下七個點談心，效果比較顯著。一是興趣點。當孩子對某項事物或活動產生興趣時，家長可以從孩子感興趣的問題入手進行談心。二是情感點或是共鳴點。當孩子對某個事物容易產生情感或發生情感共鳴時，家長與

之談心，效果很好。三是利益點。涉及孩子利益的事物，必然會引起他們的關心和注意，由此開始談心，容易奏效。四是榮辱點。孩子受到表揚、獎勵或批評時進行談心，容易溝通。五是求異點。孩子常有標新立異的心理，將此作為引入的話題談心，容易深入。六是殊遇點。孩子在學習生活中遇到特殊的矛盾、特殊的遭遇，家長及時給予關心、理解，進行談心，效果自然較好。七是變化點。抓住孩子的思想變化點談心，也是良好時機。

另外，談心還要注意孩子的心理狀態，要講究表揚和批評的藝術，要根據孩子的心理情況隨機應變，糾正孩子關鍵性缺點時一定要注意考慮成熟，選擇最佳地點和時機。

第二節 給孩子一個溫暖的家

成長故事

童童（化名）是家裡的獨生女，按說應該很幸福。可她卻說：「我天天處在折磨之中。」因為童童的爸爸媽媽幾乎每天都在吵架。她小的時候，看到爸爸媽媽吵架她會跑到爺爺奶奶家裡去，說自己很害怕；再大點的時候，會勸說爸爸媽媽別吵了，然而爸爸媽媽並不聽她的。雖然事後媽媽會抱著她哭訴，向她道歉，然而過不了多長時間，他們還是大吵不止。有一次，童童實在沒有辦法，竟然在爸爸媽媽吵架的時候撥打了110，這讓父母很驚訝，後來稍有收斂。可以說，童童是伴隨著父母的爭吵聲長大的。當她14歲的時候，簡直無法忍受這個家庭了。有一天，當爸爸媽媽再一次吵架的時候，她說：「好吧，你們吵吧，反正我也習慣了，你們再吵，我就不吃飯不上學了，你們選擇吧。」說著衝進了自己的房間。爸爸媽媽一下子呆住了，不說話了。

原來如此

瑞典教育家愛倫·凱指出，環境對一個人的成長起著非常重要的作用，良好的環境是孩子形成正確思想和優秀人格的基礎。每個孩子都有一個家，家庭是孩子成長的第一所學校，父母是孩子的第一任老師，家庭環境氛圍是孩

子成長的基礎性支柱。家庭環境的好壞，直接影響到孩子能否健康成長。這裡的「好」並不是指家庭創造的物質生活，而是指父母的家教好、家風好。

心理學家指出：如果孩子生活在批評的環境中，便容易學會譴責；如果孩子生活在敵視的環境中，便容易學會好鬥；如果孩子生活在鼓勵的環境中，便容易學會自信；如果孩子生活在受歡迎的環境中，便容易學會喜歡別人；如果孩子生活在友誼的環境中，便容易學會覺得生活在一個美好的世界。由此可以看出，家庭環境對情緒波動較大的青春期孩子來說是多麼的重要！

有資料顯示，當母親情緒激動時，胎兒的心跳會隨之加快。曾經有位懷孕的母親在對生活絕望時準備自殺，腹中的胎兒或許是感知到了母親的想法，用強烈的胎動喚起了母親活下去的願望。這說明，孩子還沒出世就被動地接受家庭氛圍的影響。

家庭和睦、夫妻恩愛對孩子的健康成長至關重要。

在夫妻恩愛、和睦溫馨的家庭中，孩子會過著無憂無慮、井然有序的幸福生活，孩子的智商也會比不和睦家庭的孩子智商高；反之，如果夫妻感情不和，經常吵嘴打架，甚至鬧離婚，家庭氣氛緊張，父母無心照料孩子，或是把孩子當作出氣筒，則會導致孩子感情上遭受痛苦，精神上受到壓抑，變得驚懼迷茫、憂鬱膽小、惶恐自卑，造成消極孤僻的性格，毫無學習熱情，甚至悲觀厭世，其智力和健康自然也會受到不利影響。

溝通祕笈

那麼，怎樣改善家庭環境，建立和諧的家庭氛圍呢？

1. 建立良好的親子關係

父母多和孩子一起遊戲，一起學習，發展共同的興趣，和孩子共享經驗和成果，增進父母和孩子之間的感情和瞭解。父母要把孩子看作平等的人，尊重孩子的愛好，給他們一定的自主選擇的權利。有些事情可以和孩子商量，徵求孩子的意見。

2. 注意親子溝通的態度和行為方式

父母要多以鼓勵、理解、尊重的方式與子女談心,即使懲罰也要富有情感,要有合理的解釋。

3. 建立父母與子女互相學習的家庭環境

父母在教育孩子的同時,也可以從孩子身上學習他們的閃光點。這樣不僅能增進親子關係,還會讓孩子更自信,從而使家庭教育氛圍變得更加融洽。

如果在一個家庭中父母對生活充滿熱愛,個性品質健康向上,思想感情積極熱情,觀念信仰正確得體,就會使孩子生活在積極向上的心理環境之中,進而能夠造就孩子良好的個性。

4. 為孩子創造良好適宜的學習環境

孩子學習要有一個好的小環境,對於知識環境的營造,不求檔次,但求氛圍。孩子學習的時候要避免不必要的家庭閒談,更別說爭吵,朋友聚會等也要儘量少在家中進行。還有,就是要創造和諧、祥和、穩定的家庭氣氛,父母不要經常打架、吵鬧,影響孩子的心理發展。

可以更好

我出生在一個不幸福的家庭裡。父母吵了一輩子的架,近 50 年的婚姻裡,他們做得最多的一件事就是吵架。他們整天生活在相互怨恨、相互指責中,對孩子的教育和未來無暇顧及。儘管我的父親是一名教師,但他們忽視了孩子的存在,母親甚至對我們姐妹幾個產生厭倦心理,罵父親要這麼多幹嘛?給口飯吃養活就行了。

他們影響了我們姐妹幾個的性格。我們幾個性格都很憂鬱、激烈、極端,這就是我的家庭帶給我們的不良影響。而這些負面的東西又分別帶入我們各自建立的家庭之中,因為我們沒能從父母身上學到應該如何處理夫妻關係。

最先清醒的是我,當我開始從我的成長環境來認識自我的時候,我痛苦萬分。我走過許多彎路,經歷過許多不該經歷的痛苦。我開始改變,我不想讓這種非理性的東西遺傳下去。我發誓我不再在家裡吵架,無論發生什麼。

我基本做到了。我現在的生活很幸福。我的孩子聰明可愛，在幸福的家庭中快樂成長。可是，我的姐妹及他們的孩子卻仍在經受磨難，經受由上一輩帶給他們的不良影響。

還有一個案例，父親是一個出租車司機，孩子不願跟他溝通交流，每次吃飯的時候都端到自己的房間吃，學習成績也不好。後來這個父親找到了孩子的班導師老師瞭解情況，老師也去他家裡進行了家訪。老師去到他家裡後覺得氛圍太壓抑了，便問了這個父親的職業。老師很詫異，作為一個服務行業者為什麼你不常常笑呢？這位父親告訴那位老師他已經有 7 年多沒笑了，後來孩子的母親在這種環境裡也不怎麼願笑了。老師瞬間找到答案了，孩子與生俱來的笑，被這種環境壓抑著。於是老師告訴這位父親：每天孩子放學回來，當他一進門，你就伸出手，面帶微笑打招呼。後來父親堅持了兩個多月的時間，孩子變了，現在願意和父母交流了，也願意和家人坐在一張桌上吃飯了。透過這個案例，我們可以看出家庭環境是多麼的重要。

父母是孩子的一面鏡子，孩子是父母的影子。人最初的道德觀念及為人處世的準則都是從家庭中得到的。所以，我們希望孩子有什麼樣的品質和修養，父母首先就應該具備這些品質和修養。

一個孩子的健康成長，需要一個和諧平等和充滿愛的環境。家庭成員之間的和諧融洽會讓孩子學會與同伴的互助、互愛、合作及諒解，並能讓孩子從中獲得安全感，樂於接受教育。

▌第三節 關於尊重，我們要這樣做

成長故事

佳佳（化名）是一名國中一年級的學生，今年 12 歲。最近，她由父母領著到醫院看病。在醫生的詢問過程中，母親講述了這樣一件事：當初送佳佳去學鋼琴的時候，一進老師家門孩子就大哭，一開始練琴就淚流滿面，還可憐巴巴地央求說：「媽媽，我真不想學。」雖然母親見到這種情況心軟了，

但父親卻堅持讓她學習鋼琴。鋼琴老師安排了每天必須練習彈奏4首練習曲的家庭作業，一旦孩子彈得不好，父親就用手指戳她的頭，並大聲斥責。

就是在這樣的環境下，佳佳忍受了兩年，身體和心靈終於負擔不了了，經常擠眼睛、努下巴、聳肩膀，手臂腿還控制不住地亂抖。她的班導師也向父母反映，佳佳上課擠眉弄眼，還擺肩膀，經常突然尖叫，注意力不集中。

經過醫生診斷，佳佳患的是抽動症，要經過長時間的治療才能康復。

原來如此

無論孩子如何叛逆，如何不聽話，千萬不能對孩子使用暴力。孩子能夠坐下來和父母有一定時間的溝通，哪怕氣氛不怎麼好，也說明了孩子內心是願意尋求解決辦法的。在家庭當中，最主要的是要相互尊重，不要把孩子當成自己的私人財產，而是要和孩子站在一個平等的高度上，不僅要求孩子尊重父母，同時父母也要尊重孩子的想法，包括興趣愛好、學業選擇以及未來的理想等。

在教育孩子的過程中，我們一直強調要尊重孩子，可還是有很多父母忽視不尊重孩子的嚴重後果。他們認為孩子是自己生的，自己當然有權決定他的一切，特別是在學習和升學的問題上，父母更是覺得他們的決定理所當然，因為他們認為自己所做的一切是為了給孩子一個美好的未來。持這種觀點的父母們，看了上面這個案例，會不會有所觸動呢？故事中的父母就是因為不尊重孩子的真實想法，採取逼迫的手段強行讓孩子學習鋼琴，最終導致孩子在精神和心靈上不堪重負，進而誘發了心理疾病。

望子成龍、望女成鳳本無可厚非，但如果因此而對孩子施加重壓，最終導致孩子不堪重負而走向極端，就未免和自己的初衷背道而馳了。

溝通祕笈

1. 在家庭教育中，父母應該尊重孩子的理想和選擇。這也是當今比較提倡的對孩子進行的賞識教育。對孩子的業餘愛好的培養，父母必須先徵求孩子的意見，認可並讚賞孩子的理想，進而在理解的基礎上知道孩子真正需要

什麼，支持孩子去實現自己的理想。尤其是當孩子的理想與父母的想法出現分歧時，父母不宜武斷要求孩子按照自己的設計和意願來，而是要平靜地和孩子進行溝通，在尊重孩子理想和選擇的基礎上，透過商量探討，讓孩子充分瞭解父母的想法，然後把選擇權交給孩子。

2. 在賞識和尊重孩子理想的同時，父母們還應該注意一個問題：不要在孩子建立理想的初期就讓孩子背負太多的壓力，這樣可能會對孩子的積極性產生打擊。孩子有可能會因此而輕易放棄自己的理想。正確的做法是鼓勵孩子樹立理想，並堅定其為理想而努力的決心。

3. 這裡所說的「支持」，並不是父母簡單地說句「好」，更不是馬上提出要求，或者是用純理性的、非常嚴格的終極標準來評定孩子的言行。每當孩子接觸到一種新鮮事物時，會自然而然萌發對這種事物的嚮往。此時，如果父母覺得對孩子的成長有幫助的話，就應該給予賞識和支持。父母真正應該做的是在孩子成長過程中予以適當的啟發和引導，並為孩子理想的實現準備一定的條件。

4. 在實現理想的過程中，父母不要急躁。孩子是父母生命的延續，或許是因為這個原因，每個父母都希望自己的孩子能夠出類拔萃。可能也是由於這個原因，使得一些父母太過急躁了，恨不得把自己所有的經驗和閱歷都傳授給孩子。殊不知，相對於這個世界來說，孩子是一個完全獨立的個體，他們有自己的空間和理想，父母一些自認為對孩子有益的行為，不但對孩子沒有幫助，反而害處頗多。

當然，孩子的成長是離不開父母的。可他需要的僅僅是輔助和引導，就如孩子初學走路一樣，在跌倒的時候扶起他，在將要撞到障礙物的時候指引他走向一個新的方向，僅此而已。

可以更好

有這樣一位父親，一天當上小學四年級的孩子看電視時，孩子見螢幕上的律師在法庭上威嚴氣派，一會兒引經據典，一會兒舉例證明，說得法官和

旁聽席上的人紛紛點頭稱是，敬佩之心油然而生，便決心自己長大之後也要當一名律師。

　　父親聽後對孩子的理想大加讚賞，說：「你的理想很好，我支持。律師這個職業是很有正義感也很威風的，能夠在法庭上為人辯護。但是想要當律師必須把許多法律條文背得滾瓜爛熟，另外還要掌握很多其他方面的知識，社會上的各種關係也要妥善處理好。你如果希望自己成為一名優秀的律師，那就應該從現在做起，為將來打下良好的基礎。」

　　聽完父親的話，孩子對於律師這個職業更加憧憬了。從此以後更加注重對相關知識的學習及良好行為習慣的養成，並且在與人交往方面也有了很大的進步。

　　再有一個非常聰明的父親。有一段時間，他的孩子一回家就說自己學校的一位老師這不好那不好，反正就是對這位老師偏見很深。這位家長深知平時孩子執拗起來，要是說他不對立馬就會「小宇宙爆發」，所以他並沒有當面反駁孩子，而是私下裡找孩子的老師談了幾次話，瞭解了事情的真相。之後這位家長反覆思考了怎樣和孩子說才能讓孩子感到自己被爸爸尊重，於是這位父親靈機一動，和孩子說：「孩子，我和你們老師談了，你們老師覺得自己確實也有些地方做得不對，但是又沒法拉下面子和你道歉，但是你也要考慮一下自己做的事有沒有不妥當的地方。」孩子一句話也沒說，但是這位爸爸明顯感覺到孩子對這位老師的看法變了，事後再也沒有聽到孩子在家裡說老師的壞話了。

第四節 言傳身教帶動孩子

成長故事

　　一個年輕的媽媽帶著自己的女兒在肯德基裡吃冰淇淋。女兒突然和旁邊的一個小男孩打了起來，小女孩一巴掌打在對方的身上，嘴裡還大喊著：「小混蛋，你把冰淇淋弄到我衣服上了！」媽媽剛要阻止，卻見小男孩也不甘示弱，反過來用兩根手指在女兒的臉蛋和耳朵上又掐又擰。

年輕的媽媽嚇了一跳，心想：這個小孩子怎麼會用這種方式打人呢？仔細一想，她明白了，肯定是他媽媽常用這種方式教訓他，孩子一定是跟媽媽學到的。女兒教訓小男孩的那句話，不也是和自己生氣時說的一模一樣嗎？

一位父親出門時，用腳一踢把門關上。3歲的小女兒見狀，馬上也用腳去踢一下門。家裡人也很詫異，不知道孩子在幹什麼。隨即想到她這是在模仿爸爸。父母隨之反省，孩子雖小，但他們把父母的行為都看得清清楚楚，並去模仿，看來以後的行為舉止一定要注意了。

原來如此

教育學家指出：「孩子降臨這個世界時就像一張純淨的白紙，對這個世界的認知能力要透過學習才能獲得。孩子最初是處在驚奇和陌生的狀態之中的，她會先觀察周圍人的一舉一動，然後再去模仿他們的言行舉止。」

模仿是孩子的天性，父母是孩子的第一任老師，對孩子的影響深遠而長久。父母有什麼樣的語言和行為，都會在孩子身上像照鏡子一樣真實反射出來。因此，可以說孩子是父母的影子。

榜樣的力量是無窮的。對青少年來說這一點更重要。孩子的年齡越小，榜樣的感染力就越大。孩子出生後，首先接觸到的就是父母和其他家庭成員，最初形成的行為習慣也幾乎都是從模仿父母得來的。不僅在言語行為方面，就是情緒、性格、脾氣秉性等方面也會受到父母很大的影響。

我們常常發現，孩子身上的種種情緒問題和行為問題都有家庭和父母的烙印。如果孩子每天面對的是愛嘮叨、愛發火、焦慮、緊張的父母，其情緒肯定是很糟糕的。這是因為父母和其他長輩的情緒行為構成了這個家庭的心理環境，而這種心理環境所形成的家庭氛圍對孩子有著潛移默化的影響。

孔子說過：「其身正，不令而行；其身不正，雖令不從。」要想讓孩子聽話，父母就要處處以身作則，使自己的一言一行成為子女的表率和效仿的典範，這樣不僅能夠提高和樹立父母在孩子心目中的威信，而且可以使父母牢牢把握教育孩子的主動權。

第四節 言傳身教帶動孩子

溝通祕笈

父母的一言一行，無不潛移默化地影響著孩子的成長。因此，父母日常生活中的言傳身教，是家庭教育的重要教育方式。那麼，父母對孩子如何言傳身教呢？

1. 父母對孩子提出的要求，自己要先做到。父母是孩子最直接的模仿對象，要求孩子做到的，自己首先就應做到，要言行一致，處處嚴格要求自己才有威信，才能掌握教育的主動權，教育效果才能達到預期目標。否則，越是對孩子提出要求，孩子會越反感和叛逆，他們會想：你們都這樣，憑什麼強迫我要那樣？

2. 父母要有進取心，不斷加強自身修養。父母教育孩子更多是以自己的人格力量去影響孩子。在社會飛速發展的今天，孩子面臨著激烈的競爭，父母也一樣，身處競爭激烈的環境，如果沒有進取心，就會處於發展停滯的狀態，甚至直接被淘汰，這給父母帶來了極大的壓力。但是，有智慧的父母會變壓力為動力，保持不斷進取的心態，自覺學習與工作有關的最新知識，關注社會發展的最新動態，不斷加強自身修養，爭取在工作崗位上取得突出成績。父母透過自己的努力不斷取得成績，是對孩子最好的精神激勵和最佳的行為示範。孩子會受父母的熏陶，保持積極進取的精神狀態，這是孩子成長的最大動力。

3. 父母之間要和睦，教育思路要基本一致。首先，要處理好夫妻關係，這樣才能創建良好的家庭氛圍，讓孩子生活在溫馨穩定的家庭環境中，從而心情舒暢，有利於學習。在良好的家庭氛圍中，孩子能體會到父母及其他家庭成員之間互相尊重、互相支持、互相理解的情感。這不僅對孩子養成愛護、尊重他人和樂於助人的良好行為具有潛移默化的作用，還有利於培養孩子建立良好人際關係的能力。此外，父母還應保持教育理念基本一致，避免雙方教育方式和方法的激烈衝突。如果父母雙方的教育理念、教育態度差別太大，就會讓孩子無所適從，很容易養成「當面一套、背後一套」的作風，不利於孩子良好品行的培養形成。

可以更好

電視裡曾經播放過這樣一則公益廣告：螢幕上，一位漂亮的年輕媽媽正在給孩子洗腳，一邊洗一邊給孩子講著小鴨子的故事，逗得孩子非常開心。媽媽給孩子洗完腳，安排孩子上床睡覺後，又倒水給老人洗腳。慈祥的老人撫摸著她的頭髮說：「你忙了一天了，歇一會兒吧。」年輕媽媽笑著回答：「不累，媽！燙燙腳啊，對您的腿有好處。」當她回到孩子的小房間時，卻不見了孩子的身影。正疑惑間，一轉身，看到孩子正捧著洗腳盆進來說：「媽媽洗腳。」畫面停止了，一個悅耳的畫外音響起：「其實，父母是孩子最好的老師。」

已退休的李振霞是中央黨校的兼職教授，但人們更感興趣的卻是她作為四個博士的母親這一身分。李教授有三個兒子，一個是美國麻省理工學院的博士，一個是英國劍橋大學的博士，一個是中國航空研究院的博士，而大女兒金螢則是美國約翰·霍浦金斯大學的博士後。「老實說，我們並沒有刻意要把孩子培養成名成『家』，我們只是用愛心、信心、恆心、苦心織了一張網，誰料到它們竟給我『網』回了四個博士。」說到這兒，李教授找出了一張手繪仕女圖遞給記者，已經泛黃的紙頁上記著這幅幼稚作品的誕生時間：1971年10月5日。「怎麼樣？我女兒畫的。」言語間流露出慈祥、愛意和驕傲。「我們給她取名叫『螢』，希望她像螢火蟲一樣，能自己照亮自己就夠了。」結果呢，金螢上學時書讀得好，下鄉時豬養得好，做醫生時手術做得好，出國後又逐步成為霍浦金斯大學基因工程研究院的骨幹。身教重於言傳。李教授非常喜歡列寧夫人克魯普斯卡婭的一句話：「家庭教育對父母來說，首先是自我教育。」在四個孩子的眼裡，父母嗜書如命、忘情工作給他們留下了深刻印象，孩子和書是父母生活中的主角。孩子們成了博士，而他們的父母也是業界翹楚，雙雙獲得國務院特殊津貼。無言的行動有力地傳達出做人和做學問的真諦。金螢說：「小時候，我們家很清貧。在物質上，父母給予不了我們豐厚的東西，但他們給予了我們一個求學與做人的根本，那就是──健康的心靈。」

父母們，要讓孩子幸福，你就必須處在幸福的狀態；讓孩子自信，你就必須自信。在具體生活中父母要時刻嚴格要求自己，事事為孩子做一個優秀的表率。如果父母能夠始終如一地嚴格要求自己，就會給孩子帶來耳濡目染、潛移默化的影響，從而教育出一個優秀出色的好孩子，並得到孩子發自內心的尊敬和愛戴。

第五節 做好脾氣的父母

成長故事

一個 13 歲的女孩講述了發生在她身上的一件事。

小時候，我很愛學習，成績也不錯，可不知從什麼時候開始，我愛上了看課外書。放學回家，我就迫不及待地拿出《少年文藝》或者《故事會》來看。我當然很內疚，決定看完一篇最放不下的文章就開始寫作業。

這時媽媽走了過來，一看到我手上的課外書，就有些生氣地說：「還看，還看，還不寫作業！」我趕緊心虛地回答：「看完這篇就寫，就 5 分鐘。」「5 分鐘，這可是你說的。」媽媽離開不到 2 分鐘，就又過來了，說：「看完了沒？還不趕緊去寫作業，要不晚上又寫到 12 點。」

我沒有理她，繼續看我的書，心裡有點煩。我聽見媽媽繼續在客廳裡抱怨：「人家的孩子都是一回家就寫作業，你倒好，拿著些亂七八糟的書在那裡瞎看，成績當然不如人家好……」我越來越煩，想想也是，成績越來越差，作業又很難，寫起來很費勁。媽媽還在旁邊氣憤地嘮叨，書也看不下去了，我氣沖沖地開始寫作業，不到 10 分鐘就有寫不下去的感覺……

原來如此

父母是孩子最親密的夥伴，父母的情緒會直接影響孩子的成長，所以父母要學會在孩子面前控制情緒。很多時候，孩子會誤以為父母的不良情緒是因己而起，產生不安全感，還會產生「自己不值得愛」等一些想法。這種看似很小的行為，有可能影響孩子成年以後的自尊和自信。

孩子的情緒問題雖然表現在孩子身上，但原動力卻是父母。比如當父母心情好時，對孩子親近憐愛，關懷備至；心情壞時，對孩子視如路人，或動輒訓斥打罵，往孩子身上撒氣。隨著自己心情的好壞對孩子忽冷忽熱，這樣會給孩子的心靈造成巨大的傷害。

如果父母經常大怒，處在青春期的孩子也會產生焦慮的情緒。孩子對某種狀態感到無能為力時，就會有一種挫折感，想到未來不知道該怎麼辦，就會充滿恐懼。

研究表明，父母在家中情緒平和，待人接物謙遜有禮，會有助於青春期孩子的心理健康發育；假如父母在家裡經常情緒惡劣，吵架鬥嘴，則會讓孩子處於緊張恐懼中，對他們的心理發育和情緒調節都非常不利。

案例中的小女孩本想看完一篇「最放不下」的文章就開始寫作業，可媽媽卻什麼都不問就對孩子生氣，一來破壞了孩子學習的快樂感，二來對孩子看課外書的興趣愛好也進行了否定。小女孩媽媽的做法只會滋生孩子的叛逆心理，使得她更不想做作業，並深深地感覺到自己的自尊被媽媽傷害了……在低落的情緒下作業寫不下去那是自然的。

溝通祕笈

所以，父母一定要注意自己表露在孩子面前的情緒。

1. 不要在孩子耳邊嘮叨

作為父母，往往會對自己的孩子寄予厚望。若有不順心就不停地說教，說教往往容易變成嘮叨。嘮叨一般是批評的多、抱怨的多，有時甚至諷刺挖苦，孩子當然不愛聽。其實正確的方法應該是找適當的時機，認真而親切地指出孩子哪些地方做得不合適，怎樣做才好。

例如，要求孩子寫完作業後把桌子收拾乾淨，早晨起床後把自己的被子疊好等，要求明確，並徵求他自己同意，只需提醒一次就夠了。沒有做好，也不要急於指責，而是提醒他，並以寬容和信任的態度說：「你今天是否忘

記收桌子或疊被子了？快去收拾。再補充一句，那天你是答應了的，相信你以後一定不會再忘記了。」這樣一次兩次，孩子就會慢慢養成習慣了。

2. 不要在孩子面前吵架動粗

父母之間要互敬互諒，這樣對孩子的成長大有好處。許多父母喜歡相互指責，在孩子面前鬧得雞犬不寧。孩子會很痛苦，容易產生不良情緒。所以父母應該和平相處，為孩子創造一個良好的家庭環境。

3. 不要在孩子面前抱怨生活或表現出頹廢的情緒

父母是孩子最大的靠山。父母對生活的態度直接影響孩子的生活安全感和成長信心。父母若經常在孩子面前抱怨或者經常表現出頹廢的情緒，會讓孩子產生不安全感，過早承受不該承受的壓力。

4. 父母控制自己情緒的技巧

當父母覺察到自己盛怒來臨的跡象時，最有效的方法是讓自己離開「事發之地」，然後做 10 次以上深而長的呼吸，出外散步 10 分鐘，先繃緊，然後放鬆全身肌肉數次，對自己說「我會保持冷靜」，然後回憶一段開心輕鬆的時光。

父母能夠控制自己不亂發脾氣，這對孩子是很好的榜樣教育。家長也可以把這種冷靜處事的技巧教給孩子，讓他從小學會做自己情緒的主人。

可以更好

父母們應該知道，在解決問題時，發脾氣恐怕是最簡單、卻也是最無助的方法，它只能使孩子在某一段時間內服從自己。而另一種可怕的事實是，父母一心想戒除的壞脾氣、壞性格，由於經常發作，不知不覺「傳授」給了孩子。孩子會想既然大人可以用這種方式解決問題，我也可以照此方式同樣發揮。

孩子們長大以後很有可能會變成與父母同樣的性格，假如他的父母有一副善講道理的好秉性，孩子們可能會比父母做得更好。而那些總是按捺不住火氣、動輒發脾氣的父母倒是應該好好從以下這幾個方面想一想。

第三章 你的青春期，我們共同蛻變

1. 我的目的是什麼呢？

2. 發一通脾氣固然痛快，但這對孩子有什麼好處？

3. 父母可以發脾氣，孩子是不是也可以呢？父母要是誤會了孩子該怎麼辦呢？

4. 我這秉性是哪兒來的？受父母影響的嗎？

5. 我喜歡別人如何待我？孩子又喜歡別人怎麼對他呢？

6. 能否過半小時以後再發脾氣？如果做不到，知道原因嗎？

讓我們一起來看看教育家李鎮西是怎麼做的吧！

教育家李鎮西因為他的愛心、師德聞名於教壇。他培養女兒的目標是讓女兒一生能善良、快樂、勤奮。女兒李晴雁小時候像大部分孩子一樣普通、膽小、腼腆、學習感悟力一般。在李鎮西的言傳身教下，她優秀成才，品德臻於完美，並以優異的成績考入重點大學。2006年10月4日《中國青年報》發表了四川大學李晴雁的一篇文章——《80後：我們是一群昏迷的寵物》，引起了當代大學生及家長、教師關於價值觀的討論。人們在思考的同時，無不稱讚李晴雁的正直純真，文筆的灑脫。李老師非常愛孩子，女兒小學時的成績一直不突出，李老師一直非常注意保護她的快樂感，堅持認為學習的快樂比學習成績更重要，他捨不得女兒輕看自己。一次，李老師的女兒說自己考試考得不好，糟透了，感到難過，覺得自己是「差生」了，「爸爸，你的女兒沒考好，給你丟臉了！」李老師說：「也許在今天看來，你沒有考好，你覺得是天大的『災難』。但五年、十年、二十年後……當你真正在精神上成熟並戰勝了更多的人生挫折之後，再回過頭來看今天的期中考試，你會覺得這一次挫折不過是人生長河中一個小小的漩渦而已，簡直微不足道！我願意和你一起再次高聲朗讀一位詩人的話：『沒有比腳更長的路，沒有比人更高的山！』」本來女兒的話令李老師心痛而不安，但作為爸爸，他表達的卻是一段感人而又不乏清醒冷靜的哲理。李老師常常說：「孩子，爸爸允許你下次考試失敗！」

第四章 父母這樣說，孩子更願聽

在孩子們中間，一直流傳著父母「煩人」的話題。因為父母的嘮叨讓他們產生了強烈的共鳴和反感。其實這就是由於父母不知道怎麼和孩子正確溝通而造成的。要想和青春期的孩子有效溝通，父母就要改變自己的思維習慣和思想認識，把握孩子的心理特點和性格特點，掌握與孩子溝通的技巧和方法，採取積極和恰當的方式與孩子有效溝通。

第一節 耐心傾聽，積極與孩子溝通

成長故事

在14歲的小華（化名）眼中，父親就是一隻「老虎」，非常強勢，經常發脾氣。小華覺得和父親根本無道理可說。他不能違背父親的任何意願：父親要他上國中時一定要報考某一所重點中學，但小華不喜歡那所中學，他只是抱怨了兩句，就被父親打了一頓；父親要他報名參加課外學習班，課程不是他喜歡的，但他也只能去學；他用積攢的零花錢買了一把吉他，但父親不喜歡，一把奪過吉他摔到地上。

父親只要晚上喝酒回來，就總是挑小華的毛病。小華稍微頂撞，得到的就是一頓棍棒。父親的暴力，讓小華很害怕。上國中後，小華選擇在學校居住，一週只回一次家。回到家裡，他也不願意叫父親。見兒子這個模樣，小華的父親就更生氣了，說小華不孝順。父子關係十分緊張。

原來如此

現實生活中，類似的情況不在少數。父母自認為在孩子身上投入了很大的精力，也花費了很多心血，但結果卻事與願違。

孩子在成長過程中會遇到各種各樣的問題，他們也渴望傾訴與交流。傾聽孩子，不意味著要縱容他，而是給孩子表達自己的機會。傾聽可以讓孩子

逐步增強應付挑戰的能力，學會控制並處理自己的情緒，形成健康的人格和健全的心理，成功接受人生的挑戰。

每個人都有被尊重的權利和需要，孩子也不例外，年齡再小也有獨立的人格尊嚴，也需要表達自己的想法和感受。

許多父母老是自以為是地評價孩子，孩子說話總是被打斷，讓孩子根本無法完整地表達一件事。更何況，父母的評價總是站在一個成人的立場上，有些評價對孩子來說也許不太適合。

父母忽視了傾聽，會對孩子產生一系列負面的影響，對孩子的健康成長將是非常不利的，會產生以下後果。

1. 產生代溝

孩子將漸漸不願與父母進行交流與溝通，特別是到了青春期後，他與父母會產生代溝。因為父母對於孩子的情感、思想都不太瞭解，而孩子也漸漸與父母疏遠，父母就會失去瞭解、幫助和教育孩子的最佳時機。

2. 會使孩子的性格變得孤僻

由於父母平時忽視了傾聽，孩子會認為父母對他不關心，從而也不願與他人進行溝通與交流。他會逐漸把自己封閉起來，性格也會變得內向。

3. 會使孩子的學習成績下降

由於孩子的性格逐漸發生變化，最終還會影響孩子的學習成績。孩子會認為自己沒有人關心，從而失去學習的信心，特別是那些性格本來就內向的孩子，學習成績下降會非常明顯。

我們經常能在報紙、雜誌上看到，有不少孩子因想不開而尋短見，當事人的父母卻不明白孩子為什麼會做出這樣傷害自己的行為。事實上，孩子有異常行為發生，通常不是一時衝動，而是長久積壓的情緒得不到安慰、支持與宣洩，轉而產生毀滅自己的想法，造成令父母無法接受的結果。

所以,父母要停止用強迫、指責等消極方式對待孩子,要認真聽孩子說話。這不僅是在對孩子進行平等做人、平等對待別人、平等對待自己的教育,也是走進孩子心靈的有效手段。

作為稱職的父母應學會傾聽、樂於傾聽、善於傾聽,這樣才能真正學會從孩子的傾訴中感受和把握孩子的喜怒哀樂,真正瞭解孩子在想些什麼、要求什麼、希望什麼;才能真正領會孩子的思想意圖,分享孩子的快樂,有效地用父母的體貼去化解孩子的青春期「危機」,營造出充滿愛意的、溫馨的家庭環境;才能贏得與孩子的真誠友誼。這樣,父母做孩子的開導時才能做到心中有數、有的放矢,才能不斷提高家庭教育的質量和水準。

父母要肯花時間、有耐心,做個有修養的聽眾,用心傾聽孩子的心聲,用心走進孩子的世界,積極發現孩子的優點,然後對孩子的優點進行讚揚。只要父母耐心地這樣去做,去瞭解、關懷、接納孩子,孩子就會很樂意和父母交流。如此,擁有一個心理健康的孩子並非夢想,孩子也能順利邁向成功之路。

溝通祕笈

稱職的父母應學會傾聽、樂於傾聽、善於傾聽。

1. 平等對待

這是父母願意傾聽孩子的前提條件。只有父母在家庭中平等對待孩子,才可能去傾聽孩子的話,瞭解孩子的內心世界。

2. 尊重孩子

一些父母常常認為孩子說的話、提的問題是非常幼稚的,有時甚至是可笑的,因而不願傾聽孩子的話。這是不對的,對於一個正處於成長過程中的孩子來說,外界對他來說非常複雜,所以他有很多問題急於得到解決。

3. 要有耐心

現在的父母工作壓力、生存壓力都非常大,所以一些父母回家後就不願傾聽孩子的話,這也是一些父母找到的最恰當的理由。然而,孩子卻不會這

麼想。他們不僅需要父母從生活上、物質上關心他們，更需要父母從心理上、思想上、感情上關心他們。

4. 謙虛對待

戴爾·卡內基在《人性的弱點》中說：「與人交談取得成功的重要祕訣就是多聽，永遠不要不懂裝懂。」現在的很多孩子由於接受訊息比父母多而且快，有些東西遠遠比父母瞭解得多，所以父母在傾聽孩子時，不要總是以家長自居。

一提到與青春期孩子的交流、溝通，很多父母都認為比較困難。有時，父母說得天花亂墜，但孩子還是我行我素；有時，父母明明是關心他，他卻不領情；有時，想對他說點知心話，卻發現他心不在焉，他們還會專挑父母話中的漏洞，故意和父母對著幹……

要改變這種狀況，父母就要先改變自己的思維習慣和思想認識，把握孩子的心理特點和性格特點，採取積極、恰當的方式與孩子溝通。

可以更好

同樣是一個上國中的孩子，謝先生與孩子的相處則顯得舒心多了。謝先生的兒子小文今年15歲，是個品學兼優的孩子。謝先生說，他非常注重與孩子營造良好的親子關係。「我是他的爸爸，也是他的好朋友。」謝先生說，哪怕工作再忙，他也會擠出時間陪孩子玩。對孩子以鼓勵為主，孩子犯錯誤了，他會告訴他錯在哪裡。但是，事情過後就不會再提，不會再在孩子的「傷口上撒鹽」。

跟很多人不同的是，謝先生與兒子相處比較注重細節。在學習上，他從來不給孩子壓力。「每個週末他回家，我不會馬上就問他學習上的事情，而是和他聊聊學校裡發生了哪些有趣的事，再從側面瞭解學習情況。」謝先生說，給孩子營造一個輕鬆的學習環境和家庭環境非常重要。孩子有時候會因為考試成績不理想而悶悶不樂，他都會鼓勵孩子已經做得很好了。久而久之，小文把父親當成了朋友。有時候謝先生遇到什麼不順心的事情，兒子還會反過來安慰他，這讓他十分欣慰。

第二節 嘮叨不是溝通，責備不是教育

成長故事

小志今年 13 歲了。隨著他年齡的增長，媽媽有一種不好的感覺：兒子與父母之間的交流越來越少，不像小時候那樣什麼話都跟爸爸媽媽講了。有時，父母問一句，他答一句，不問他就不說，如果問多了、說多了，他就甩手走人。

有一天，媽媽見兒子的心情不錯，就問他：「你故意疏遠爸媽，不願意與我們溝通，是不是有什麼心事啊？」沒想到一聽到「溝通」這兩字，小志的火就上來了，衝著媽媽嚷道：「你們那叫溝通？純粹是嘮叨、灌輸！你們都沒分析一下你們那些話，即便是溝通，也是強迫溝通！」

原來如此

很多父母都認為與青春期孩子的交流、溝通比較困難，父母們也總是感到自己的好心難以被孩子接受，心裡充滿失望與委屈。

有些父母認為讓孩子聽話很不容易，認為自己幾乎時時刻刻都在跟孩子溝通。

「孩子貪玩偷懶的時候，我就告訴他，要好好學習，不然將來會很沒出息。」「我每天都在給孩子做飯、洗衣服、整理房間，這不是時時刻刻與孩子交流嗎？」「孩子做錯事了，我狠狠地批評他一頓，以便讓他記住下次不犯，這也是溝通吧？」

是的，這些不能不說是一種交流溝通，可是這些造成作用了嗎？顯然沒有。父母總是習慣於把自己的命令、指揮、批評甚至是責罵都看作溝通，其實這些溝通對孩子來說都是消極的、無用的。如果孩子長期生活在這種消極的溝通模式下，他們往往會關閉自己的心靈，還可能對父母產生敵意。

溝通祕笈

青春期的孩子有三個重要的特點。

第四章 父母這樣說，孩子更願聽

1. 自尊心極強

如果父母還像孩子小時候那樣教育他，比如，出了問題就給孩子一頓訓斥，尤其是當著其他人的面，不允許孩子申辯，這樣非但起不到教育孩子的效果，反而會引起孩子對父母的排斥和反感。因為孩子在別人面前聽到你劈頭蓋臉的教育時，首先想到的是自己很沒有面子，今後怎麼還能在別人面前抬起頭來，而不是反省自己到底是不是錯了或錯在哪裡了。

2. 強烈的獨立意識

到了青春期以後，很多孩子不再願意事事都跟父母商量，而是喜歡自己單獨來做，因為他們覺得自己已經是大人了。

3. 容易受到環境的影響

青春期的孩子，思維能力發展很快，很敏感，感情也日益豐富。但由於受年齡、閱歷、經歷、財力等方面限制，情感多變而不穩定，容易見異思遷，更容易受周圍環境的影響，尤其是壞的方面的影響。

所以，父母要根據孩子的這些特點來跟孩子溝通。不妨參考一下下面這些建議。

1. 單獨談話

對孩子的教育儘量是單獨的、談話性的，避免公開的申斥，尤其是在他的老師和同學面前。家長維護了孩子的自尊心，孩子也會為了維護自己的自尊心而好好努力，用學習成績說話。所以，作為家長，要好好引導孩子，將孩子對自尊心的維護轉化為上進心、自信心。

2. 以身作則

父母應儘量避免蒼白的說教，而是要身體力行，為孩子做出表率。比如在孩子學習時，不僅不讓孩子看電視，自己也儘量不看電視，以避免孩子分心。

3. 儘量不做無謂的埋怨和比較

切忌總是在孩子耳邊講父母怎樣為他付出，拿自己小時候與他對比或拿別的孩子與他對比。這樣做，只能招來孩子的逆反心理。要就事論事，具體問題具體分析，幫助孩子解決問題，而不是埋怨、比較。

4. 在學習上多鼓勵，少責備

在孩子成績下降時，家長要做的是表示關切和鼓勵，幫助他分析問題、解決問題。責備只會令他疏遠父母，以後自己即使有了什麼問題，也不會主動來與父母商量。

可以更好

女兒考砸了，回到家就鑽進自己的房間。晚飯後，爸爸媽媽什麼也沒說。女兒實在坐不住了，心想：「難道是爸媽沒有發現我的成績單？」於是她悄悄來到客廳，發現在成績單旁有爸爸媽媽給她留的一張紙條：「女兒，我們知道你這次沒有考好，但是你不要難過，也不必緊張，爸爸媽媽不會罵你，因為你肯定不會放棄努力，所以下次考試我們不要求你考出多麼高的成績，只要比這一次進步一點，我們就會很滿意。永遠支持你的爸爸媽媽。」

讀了父母的紙條後，女兒在日記裡寫道：「我是不輕易流淚的，但我被父母的理解和尊重感動了。在拿著成績單進家門的那一刻，我都做好了與父母吵架的準備。但現在我知道了，那是沒有必要的。我的父母是天底下最好的父母。」

▍第三節 這樣說孩子才會聽

成長故事

期末考試結束後，孩子垂頭喪氣地回來，一進門就把考卷往地上一扔，摔門進房了。媽媽拿起地上的卷子一看，58 分，火馬上冒起來了，對著孩子房間的門大聲喊：「自己沒考好，還敢發脾氣，是不是又欠揍了？」孩子悶聲不吭，也不開門。母子倆一個在門外生氣，一個在門裡鬱悶。

原來如此

很多父母常有這樣的感嘆:「現在的孩子真的是沒法管了,你說東他說西,你讓他往左,他偏要向右。存心和我們作對呀,好心都當成驢肝肺了。」

其實,世上並沒有真正不聽話的孩子,只有沒有掌握溝通技巧的父母。父母與孩子關係是否融洽,在很大程度上取決於溝通方式的恰當與否。如果你的孩子總是聽不進去你的話,做父母的首先應該檢查一下自己對待孩子的方式。事實上,只要父母掌握了說話的技巧,再不聽話的孩子也會表現出驚人的轉變。

為什麼父母認為自己所做的一切都是為孩子好,而孩子卻不領情?怎樣說才能讓孩子聽進去呢?其實如果父母說話講究技巧,不僅能夠順利達到自己的教育目的,還可以使孩子接受。

溝通祕笈

1. 放下家長的架子

當孩子情緒不好時,父母馬上擺出一副家長的氣勢,指責、恐嚇,甚至打罵孩子,認為自己是家長,孩子要聽自己的。雖然現在很多父母已經認識到這種教育是不恰當的,但還是無法從內心尊重孩子,把孩子當成一個獨立的人來對待。這勢必會使自己與孩子之間的溝通障礙越來越多。所以,父母一定要放下家長的架子,站在孩子的角度考慮問題,跟孩子進行平等的對話。

2. 跟上孩子的節拍

許多父母只知道要求孩子好好學習,每天與孩子交流的話題也只限於他的學習,忽視他情感等方面的需求,以至於孩子和父母沒有共同話題,無法交流。比如,孩子問:「媽媽,你知道周董是誰嗎?」媽媽搖搖頭。孩子跟爸爸說:「爸爸,我很萌,把那套漫畫,買給我吧。」「萌?」爸爸一臉茫然。

就這樣,在孩子眼裡,父母成了「老古董」,於是親子溝通也變得越來越困難了。而有的父母就做得很好,一位爸爸說:「我知道兒子喜歡周杰倫,

有時間我就會與兒子探討：『周董最近出什麼新歌了？聽說又拍新電影了？』每次與兒子的溝通都很愉快。」

為了與孩子有共同的話題，父母不妨做個「時尚老爸老媽」，多關注一下他們關心的事物，從而輕鬆地走進他們的內心世界。這樣，跟孩子的溝通當然沒有問題。

3. 多問快樂，少問學習

如果問父母孩子在學校最重要的事情是什麼，幾乎所有的父母都會異口同聲地回答：「當然是學習！」

其實，孩子在學校最重要的事不是學習，而是快樂。快樂不僅僅反映了孩子的情緒變化，也間接反映了他的社會適應能力和社會交往能力。學習不僅僅是書本知識，還有更多的社會常識需要孩子在成長中領悟。學校的課程中沒有這些，父母不教誰教？孩子不快樂了，父母不問誰問？特別是青春期的孩子，他們關注的不再僅僅是學習，父母更應該多詢問一下他們的心理情況。「今天在學校怎麼樣？快樂嗎？」「學校裡有什麼高興的事情嗎？」「今天看上去情緒不太好啊，發生什麼不愉快了嗎？」「有什麼需要爸爸幫忙的嗎？」

這樣的話父母要多說，孩子聽到這樣的話通常會很高興，從而樂意跟父母說自己的事情。

4. 遠離指責

「你多大了，怎麼就不知道學習呢？你什麼時候才能讓我省點心啊！」「你就知道闖禍！我上輩子造了什麼孽呀，讓我有你這樣的孩子！」

我們經常能從父母那裡聽到這樣的指責。豈不知，這樣會讓孩子的自尊心受到嚴重的傷害，父母在孩子心目中的形象也會大打折扣。

只有那些不瞭解孩子、不知道教育方法的父母才會盲目地使用批評、責罵等負面的溝通方式，而理智的父母都會採取引導、啟發等方式來和孩子有效溝通。遠離指責，是父母首先要做到的。

可以更好

期末考試結束後，孩子垂頭喪氣地回來了，一進門就把考捲往地上一扔，摔門進房了。媽媽拿起地上的卷子一看，58 分，心也隨即一涼：怎麼這麼少？媽媽想了想，還很納悶：孩子怎麼那麼大的火氣？是老師判錯分了還是怎麼著？於是輕輕敲敲孩子的房門：「孩子，這次是不是老師給你判錯分了？」孩子很氣憤地打開門，委屈地說：「你看看，竟然有 4 分沒給我加上，所以我考了個不及格！」媽媽看了看，果然是這樣。於是先安慰了孩子，然後跟他一起分析了其他錯誤的地方。最後孩子很高興地跟媽媽一起做飯、吃飯。

同樣的事情，媽媽處理的方式不一樣，結果也就完全不一樣，當然，教育效果也完全不一樣。

第四節 藝術地批評孩子

成長故事

一天晚飯後，媽媽與幾位鄰居閒談。12 歲的女兒被好奇心驅使，也想參與她們的談話。可是這位媽媽卻給了女兒當頭一棒：「去，做作業去！大人談話你小孩子來摻和什麼？看看你這次語文才考了五十幾分，都不知道你平時都是怎麼學的。還不抓緊時間學習去！」

其中一位大人接著說：「我們玲玲這幾次運氣好，語文都考了九十多分……」女兒又羞又窘，委屈地掉下了眼淚，從那以後變得沉默寡言。

原來如此

作為一個孩子，受批評是常有的事情，在學校可能會受到老師的批評，在家可能受到父母的批評。因為在成長的過程中，他們不可避免會犯這樣那樣的錯誤，而批評也是一種常用的教育方式。有的父母習慣把批評孩子的話掛在嘴邊，比如：

「跟你說過多少次了，就是不聽！這次你吃虧了吧？我看你還敢不敢了！」「你看看你，都笨成什麼樣了！」「房間趕快整理一下，弄得跟豬窩

似的。我要怎麼才省心啊！」可以說，批評在家庭教育中司空見慣。但如果家長只是一味地批評，不會收到好的教育效果。首先，過多的批評會使孩子對此「免疫」，會讓他對批評充耳不聞。這時，批評對他根本就不再有教育效果了。

其次，一味批評很容易使孩子叛逆。父母越不讓他做的事情，他越去做，而父母要求他做的事情，他偏偏不去做。這樣的教育，顯然是失敗的。

批評作為一種教育和溝通方式，還是要用的。對於那些故意違反家庭、學校規定，故意搗亂的行為，還是要用批評教育的方法。如果父母不批評他們，他們就不能分辨是與非，蔑視規則、規定，長大後甚至會蔑視法律。孩子只有在被批評的過程中，才能學會辨別是非，學會區分哪些事情能做、哪些事情不能做。

溝通祕笈

父母批評孩子也要講究技巧，同樣是批評，說法不一樣，作用和效果也會不一樣的。

1. 尊重人格，批評行為很多父母動輒就對孩子大吼，不注意語言輕重，人、事不分，常常是連諷刺帶挖苦，甚至訓斥謾罵。比如，「你怎麼這麼笨啊，考得這麼差！」「你就是個笨蛋！」「你真沒出息！」等。

其實這樣是很不正確的，很容易傷害孩子的自尊心。父母批評孩子，首先要遵循一個原則：對事不對人，批評他的行為，而非批評他的人格。

2. 批評要有建議性

父母要學會有建議性地批評孩子。就是當發現孩子的行為不當時，批評裡要帶有啟發性，協助孩子矯正行為。這樣既指出了孩子的錯誤，又給他提出了正確的建議，同時又對他抱有很大的期望，鼓勵他去改正錯誤。

3. 不要當眾批評孩子

有的父母誤認為當著他人的面數落一下孩子，會增強效果。殊不知，這都是極不可取的。孩子無論年齡大小都有自尊心，且年齡越大，自尊心越強。

如果當著外人的面批評孩子，孩子就會覺得情面上過不去。為了維護自尊，常常不認錯，甚至公然與父母對抗，造成難以收拾的局面。

有位教育學家說：「對孩子的教育，要在私下裡進行；對孩子的表揚，則應當著眾人的面進行。」當眾讚揚孩子，他會以之為驕傲並以獲得讚揚為目標；而當眾批評孩子，他會無地自容。當孩子在眾人面前的形象被破壞時，他很有可能會放棄自己的形象，破罐子破摔。所以，當眾批評孩子是最不可取的教育方式。

4. 講清規則，賞罰分明

對不少孩子來說，犯錯誤的過程其實是一個認識規矩與規則的過程。因此，當孩子犯錯誤時，父母應該先弄清楚孩子是不是明白相關的社會規則與規矩，再據此判斷應不應該批評孩子。在家也要制訂一定的家庭規則，讓孩子嚴格執行。

在規則之下，父母一定要做到賞罰分明，不要出爾反爾。否則，所有的規則都將被孩子打破，起不到教育效果。

5. 把批評變成合理的「表揚刺激」

父母在批評孩子的時候，如果在批評的語句中加上暗含鼓勵的「表揚刺激」，孩子就會樂意接受。這樣不但改正了錯誤，而且以後的學習也會變得有信心、有動力。

比如孩子做了十道題，只做對了一道，有的父母就會說：「十道題就做對了一道，你怎麼這麼笨，簡直是『榆木疙瘩』。」這樣做是在失意的孩子頭上又澆了一盆冷水，雪上加霜。如果父母換一個角度說：「嘿，還不錯，這麼難的題，你還做出一道。」孩子在受挫的情況下領受了「表揚」，內心會產生壓力，繼而轉化為學習的動力。

同樣是批評，說法不一樣，作用和效果也會不一樣。

可以更好

孩子沒考好，父母可以這樣說：「平時就告訴你要好好學習。看，這次沒考好吧！希望下次不要這樣了。」比如孩子偷偷上網咖玩遊戲，可以告訴他：「你去網咖玩遊戲耽誤了回家和做作業，這種行為是非常錯誤的。」父母批評孩子的目的是幫助他改正缺點，但因為孩子的一次成績差就稱他為「笨蛋」；孩子撒了一次謊，父母就給他貼上「不誠實」的標籤。這樣不但不能改正孩子的缺點，孩子還可能會慢慢承認父母給他貼上的標籤。這種侮辱人格式的批評必然會招致孩子的不滿，對其成長是很不利的。

孩子因上網而忘了寫作業，父母可以這樣批評他：「你看，作業沒寫完，你自己也著急吧？我也很擔心，你這樣做不但傷身體，還影響學習。你答應過我不再長時間上網的，可是你沒做到。如果是我答應你的一件事沒做到，你是什麼感覺？希望從明天起，你先做作業再上網。這樣既不會影響學習，也不會耽誤你玩，慢慢地你就可以養成一個好的習慣。」如此一來，既指出了孩子的錯誤，又給他指出了正確的建議，同時又對他抱有很大的期望，鼓勵他去改正錯誤。

第五節 這樣表揚更有效

成長故事

在現實生活中，很多父母都信奉賞識教育，並經常用表揚的方式教育自己的孩子。但他們試過幾次後都搖著頭說：「我家孩子特殊，這種方法在他身上不管用。」還有的父母說：「我們已經意識到應多表揚、鼓勵孩子，但發現收效甚微。」真的是這樣嗎？他們是怎樣表揚自己的孩子呢？

一位媽媽聽說了「賞識教育」後，便決定改變以前的教育方式。回家後，孩子每做一件事，無論做得怎麼樣，她都說：「兒子，太好了，你太棒了！」整整一個晚上下來，兒子被她誇得莫名其妙。最後，這個男孩摸摸媽媽的額頭說：「媽媽，你沒事吧？」

原來如此

很多家長都反映，現在的孩子不好管教。特別是到了青春期的孩子，父母往往無計可施、無從下手。

一位教育家曾這麼說：「對於難教育的孩子，我們往往感到無能為力，其實並不是這些孩子無可救藥，而是我們的教育本身，正沿著錯誤的途徑在進行。這個錯誤是什麼呢？就是我們老是想著幫助孩子改正缺點和壞毛病。我們的動機是好的，但是很難達到預期的目的。因為我們總是關注他的缺點，一出現缺點就要批評他。那麼站在孩子的角度想，一次一次挨批評，內心當然會痛苦，逐漸就會失去信心，越來越不好，甚至就會破罐子破摔。所以，我們要善於看到並不斷鞏固發展孩子身上所有好的東西，這是教育成功的根本。」

青春期到了，孩子叛逆、獨立意識強，對父母的老一套嗤之以鼻，而父母卻認為他們在一次次犯錯，如果彼此的矛盾都以父母批評孩子來解決，顯然不可能達到教育目的。孩子在青春期尤其需要賞識、表揚和誇讚。表揚和誇讚有助於增強孩子的自信，提升孩子的智商和情商，塑造良好的品德和行為。因此，很多教育專家、心理專家都倡導賞識教育。

心理學家威廉·詹姆斯說：「人性中最深刻的稟性，是被人賞識的渴望。」表揚是肯定、強化孩子好的思想、行為，鼓舞、幫助孩子建立自信，促使他們獲得喜悅、滿足、自尊、自我欣賞等情感體驗的重要方法。

雖然說表揚是種神奇的教育方法，但是，表揚是門藝術，是講究技巧的，並不是所有的表揚都會對孩子產生良好的影響。美國兒童心理學家透過研究指出，讚揚和行為之間的關係遠不像人們想像得那樣簡單。因為不恰當的表揚可能引起孩子的緊張情緒。濫用表揚會寵出「後遺症」——經不起批評，心理承受能力差。

溝通祕笈

那麼，怎樣使表揚更有效呢？

1. 從內心賞識孩子

年齡較小的孩子，可能不知道父母是否是真心賞識他們。只要父母向他們翹大拇指，告訴他們「你真棒」，這些孩子就會很高興。

但是，孩子到了青春期後，需要的就是父母真正的賞識。他們清楚父母的語氣和態度，如果父母不是真正從內心賞識他們，而僅僅是表面上的誇獎，他們就會覺得父母是虛偽的。賞識教育不是簡單地對孩子說「你真棒」「你真聰明」「你真能幹」，而是要真正從內心肯定、賞識他們。

也許有父母會說：「我的孩子很一般，沒什麼值得賞識的。」這種認識是錯誤的。任何一個孩子都有自己的優點和缺點，只要父母不只是盯著孩子的缺點，而是以平常心看待孩子，就能發現孩子的優點。只有發現了孩子的優點，父母才會真正發自內心地賞識孩子。

2. 表揚孩子重過程

父母表揚孩子不僅要看結果，還要看過程。有些孩子比較莽撞，常常好心辦壞事。當孩子好心辦了壞事的時候，父母切忌不分青紅皂白地批評一頓。要是這樣，孩子也許以後就不敢嘗試自己做事了。父母應該冷靜下來說：「你的出發點是好的，但過程似乎欠考慮，希望下次你能考慮得再周全一些。」孩子的心情就放鬆了，這樣下次他就會順利一些。

所以，只要孩子是好心就要表揚，再幫他分析造成壞事的原因，告訴他如何改進，這樣會收到較好的效果。

3. 挖掘孩子不明顯的優點加以表揚

有位教育專家曾經講過：「我都 70 歲了，還是愛聽『好話』。即使別人的批評我能正確對待，我還是愛聽表揚的話。」受表揚是人的一種需要。沒有讚美，人會產生失落感，孩子也不例外。

父母不能只看到孩子很明顯的優點，要在瞭解、掌握孩子行為表現的基礎上，關注並及時發現他們的點滴進步以及各種變化。特別要注意挖掘孩子潛在的優點，把握其發展的可能性，鼓勵、促進孩子這方面的發展。對孩子

尚不明顯的優點給予肯定和表揚，會使孩子重新認識自己、發現自己的潛力。德國教育家第斯多惠說過：「教育的藝術在於激勵、喚醒、鼓舞。」父母要善於「喚醒」孩子身上的優點。

4. 在他人面前表揚孩子

由於受文化環境的影響，當別人誇獎自己的孩子優秀時，很多父母都會自謙地說：「哪裡啊，這孩子挺調皮的。你的孩子才懂事呢，學習又好，又懂禮貌。」其實，父母的這種做法是不科學的。當孩子聽到父母這樣說時，他心裡肯定不舒服，尤其是那些確實很優秀的孩子。有時，他們還可能會產生誤會：我在媽媽心目中就是這樣的啊！

其實，父母應該在別人面前肯定、表揚自己的孩子。當其他人表揚自己的孩子時，父母可以這樣說：「孩子取得的這些成績都是他透過努力得到的，我們希望他能做得更好，離自己的夢想越來越近。」父母的表揚會讓孩子覺得有面子，他會更加努力地朝好的方向前進。

可以更好

一位男孩比較崇拜在清華大學讀博士的叔叔，媽媽瞭解這一情況後，就時常故意告訴男孩：「你叔叔表揚你了，說你學習很努力，解決事情的思路很開闊，將來肯定有出息。」於是男孩感到很高興，每當聽到這些話，就更加努力了。

每個孩子都會有自己崇拜的人，借他們的口來表揚孩子，往往會產生很神奇的效果。青春期的孩子是很愛面子的，尤其是在自己崇拜的人面前。即使他們沒有像崇拜的人所誇的那樣優秀，但孩子也會朝著那個目標去努力。

表揚的同時還要記得給孩子以鼓勵。父母的鼓勵不僅是對孩子行為的認可，更是對孩子所取得成績的獎勵。表揚和鼓勵的不同之處在於，前者是獎勵行為，後者是獎勵人。不管是大人還是孩子都需要得到別人的肯定，具體實在的表揚會讓孩子產生一種成就感，從而增強孩子的自信心。在孩子得到自信心的同時，父母的鼓勵也讓他懂得做什麼是對的。

第六節 多用孩子喜歡的溝通渠道

成長故事

　　我兒子上高中的時候，一次我去學校開家長會，聽說他對一個女同學挺有好感，但那個女同學不理他，因此他的情緒很低落。回到家後，我把這個情況跟他爸爸說了，爸爸當時就問他：「你跟那個女生怎麼著了？」兒子哭了，向我們大吼一聲：「別逼我好不好？」摔門走了。我們倆誰也沒有說話。一會兒，兒子回來了，說了句：「對不起，我剛才太激動了！你們批評我吧！」我被兒子的「大度」感動了，反而覺得自己太不注意方法了，於是抱歉地說：「是我們太心急了，今天不說了。」

　　當晚，我給他寫了一封信，信裡寫道：「一個國家強大了，別的國家都來跟它建交；一個人強大了，別人就會跟他友好；一個男人強大了，好女孩也會主動跟他交友。一個男人是靠自己的力量來團結別人的。你現在還不是很強大，你去找人家不成功，心裡很難受，這是弱小的表現。你要使自己強大起來，我相信你是一個真正的男子漢。」我把這封信放在他的桌子上，從此沒有再談過這件事。

　　父母在教育孩子的過程中，常常會遇到一肚子話不知道怎麼說或是與孩子鬧矛盾了放不下面子的情況。那麼，不妨給孩子寫一封信，在信裡告訴他父母的想法，平等地跟孩子交流，這樣，孩子就會理解父母的良苦用心。

原來如此

　　說到溝通，人們首先想到的便是談話，與孩子交談，透過詢問去瞭解孩子的情況，或批評或表揚，都是口頭進行。但有時這樣的溝通起不到任何的作用，反而會讓孩子覺得父母嘮叨。因為很多時候父母與孩子的溝通都是父母的一廂情願，孩子壓根就不聽，任憑你口乾舌燥，他依然我行我素。所以，單靠口頭語言的溝通有時是沒有教育意義的。

　　紙條、網路、簡訊等都是有效的溝通手段。德國著名教育家卡爾·威特在談到自己的經驗時這樣說：「有時候，對於某些我覺得不便用口頭表露的情

感，我會把要表達的意思以書面的形式寫在紙條上，這使它們加重了自身的分量，並顯得更加真實可信。」中國著名教育專家、知心姐姐盧勤也曾說：「給孩子寫信，透過文字來表達自己的心情，不失為一種與孩子溝通交流的好方法。」

可見，溝通有很多方式，有些非口頭語言的溝通往往能造成很大的作用。特別是那些不善於表達自己情感的父母，當孩子到了青春期，就更不容易與孩子面對面交流了。如果能用其他的渠道來跟孩子溝通，可能會事半功倍。

溝通祕笈

下面的幾種方法，父母們不妨一試。

1. 留小紙條或寫信

給孩子留小紙條或寫信，是一種傳統但很有效的與孩子溝通的方法。小紙條可寫對孩子的關心和日常瑣事，也可以對孩子進行表揚或批評。小紙條內容雖然簡單，但作用很大，它可以有效引導孩子按照父母的想法去做。很多時候，它比媽媽嘮叨很多遍的「叮囑」要有用得多。

因為媽媽工作的原因，上國二的陳晨不能每天都跟媽媽一起吃飯，有些事情也不能及時跟媽媽交流。有一天，陳晨在客廳的桌子上發現了媽媽留給自己的紙條：「陳晨，我覺得你昨天吃飯時情緒不太好，是不是發生了什麼不愉快的事情？很抱歉，媽媽因為工作忙不能時時關心到你！如果你有什麼不愉快，希望跟媽媽講講。你也可以像這樣給媽媽留小紙條，媽媽回家就看到了。晚飯做好了在廚房裡，你自己熱一下先吃吧，媽媽會按時下班回來。」

陳晨看了媽媽的紙條很感動，於是第二天也留給媽媽一張小紙條：「媽媽，我沒事。你放心工作，注意身體。」寫完了還在旁邊畫了個笑臉。

就這樣，母子倆透過小紙條，加深了彼此的理解和親密度。

俗語說得好：「條條大路通羅馬。」父母跟孩子的溝通也是這樣的，不妨多嘗試一下不同的溝通方法。只要父母有誠意，任何一種溝通渠道都能到達孩子的內心深處。

2. 發簡訊

隨著科技的發展，通信工具日益發達和普遍，現在很多孩子都有手機。父母不妨利用方便的工具來跟孩子進行溝通，比如可以用發簡訊的方式來與孩子交流。

13歲的李琚是住校生，兩週才能回家一次。李琚的媽媽經常會向班導師瞭解一下她在學校的情況，如果她有什麼問題，媽媽就請求老師多關照。有時發簡訊給李琚，鼓勵或安慰她；如果李琚有了進步，媽媽會發簡訊表揚和祝賀她。簡訊內容都很簡單，卻讓女兒感到特別的貼心和溫暖。

3. 利用網路

網路日益發達，上網也成了有些孩子的愛好。所以，父母也可以跟孩子在網上交流，比如發郵件、LINE等。網路語言豐富活潑，孩子很容易接受，如果能經常跟孩子聊聊他們感興趣的話題，就會很容易拉近與孩子的距離。一般學校都有網站，網站功能也比較齊全，比如論壇、留言板、部落格等。父母不妨上去看看，瞭解孩子的思想。有的孩子還會在網站上建立自己的部落格，父母也可以去留留言、發表一下評論，來指導孩子成長。

4. 不能忽視的非語言溝通

語言學家艾伯特‧梅瑞賓的研究表明：人與人之間的溝通約93％是透過非語言進行的，只有約7％是透過語言進行的。而在非語言溝通的93％中有55％是透過面部表情、形體姿態和手勢等進行的，有約38％是透過音調的高低進行的。因此，他提出了一個著名的溝通公式：溝通的總效果＝7％的語言+38％的音調+55％的面部表情。由此可見，非語言訊息在溝透過程中是多麼重要。

如果父母對孩子多一些擁抱、撫摸，有時甚至是親昵地拍打幾下，孩子在與人交往的智力、情感上就會更健康。父母運用恰當的目光、聲調、動作等來與孩子溝通，會收到更好的教育效果。如：對孩子表示喜歡、讚許時，可撫摩他的頭，拍拍他的肩，點頭微笑，豎起大拇指等；對孩子不滿時面容嚴肅等。然而，一份社會調查卻顯示，現在有很多父母常常忽視與孩子之間

的非語言溝通。例如，當孩子向父母講述某件事情時，大多數的父母都不會放下手中的家務去注視孩子的眼睛，而是一邊做家務，一邊聽孩子說話。有時，甚至還會向孩子大吼：「沒看我正忙著嗎，你不能等會再說？」在中國的家庭教育中，親子溝通的方式大多是乾巴巴的語言表達，所以有的孩子稱自己的父母為「嘮叨老爸」「嘮叨老媽」。

在具體的環境中，非語言溝通往往表達了特定的含義。比如，孩子做了自認為很自豪的事情，很希望得到父母的認可，這時，如果父母單純用語言與孩子溝通，告訴孩子「你真棒，我們為你驕傲」，孩子的高興勁兒可能過不多久就沒了；但如果父母用非語言方式與之溝通，微笑地走到孩子跟前，擁抱他一下，然後再告訴他：「孩子，我們因為你而驕傲。」這樣，孩子就不易忘記父母對他的肯定和鼓勵。在家庭教育中，與孩子的非語言溝通是很重要的。父母們不妨參考以下幾種非語言溝通。

1. 拍肩膀

父母拍拍孩子的肩膀，是對孩子的肯定、鼓勵和安慰。尤其是男孩子，拍拍他的肩膀，他可能更認同也更容易接受父母對自己的關懷。比如在孩子遇到困難時，父母若拍拍他的肩膀，不僅能使他對父母產生一種強烈的信任感，還能使他獲得很多的勇氣和力量去戰勝困難。

比如孩子考試沒考好，感到很鬱悶。如果爸爸給他倒杯水，然後拍拍他的肩膀，他心理上就會感到輕鬆很多。此時，拍肩往往可以造成「此時無聲勝有聲」的作用，能夠讓孩子的情感得到安撫。

無論孩子是高興還是傷心，是興奮還是沮喪，父母拍拍他的肩膀，都能拉近與孩子之間的距離。

2. 微笑

知心姐姐盧勤曾說：「對孩子來說，爸爸媽媽的面部表情非常重要。微笑能照亮所有看到它的人，它像穿過烏雲的太陽，帶給人們溫暖。」可見微笑是教育孩子的一種重要方法。微笑是表示友好、親昵、讚賞的體態語言。

透過微笑來進行親子之間的溝通，可以消除爭執、衝突、憤怒和怨恨等不愉快的情緒。

3. 點頭

點頭是對孩子的一種認可、鼓勵和支持，父母以點頭示意默許、稱讚，孩子就會信心十足地、更加努力地去做。

很多時候孩子會用目光來徵詢父母的意見，特別是當他們不知道怎麼清楚表達自己的想法的時候，父母若能微笑著向他點頭，孩子會特別高興。雖然沒有一句語言，但溝通效果是有的。

4. 沉默

美國教育家塞維若曾說：「犯錯之後，每個人都會或多或少有沮喪和後悔的心理。與其喋喋不休數落其錯誤，倒不如保持沉默，給他們自己認識錯誤的空間。」

大多數父母對犯了錯誤的孩子總不免要斥責幾句，甚至打罵。其實當孩子意識到自己犯錯了的時候已經很難受了，如果父母再說一些傷害孩子心靈的話，勢必會造成雙方之間的隔閡。因此，父母應該避免情緒化，適當用沉默來對待孩子犯的錯誤。

沉默教育實際上是對孩子的一種感化教育，引導孩子自我反省，激發孩子的自尊和自愛。同時也維護了父母的形象，促進了親子之間的溝通。

5. 擁抱

在中國的家庭教育中，擁抱可能使用得不多。特別是隨著孩子年齡增大，擁抱的次數更少。孩子到了青春期，就更不喜歡透過與父母擁抱來表達情感。

但心理學研究發現，人都有一定程度的「皮膚飢餓感」。在父母與孩子的眾多接觸中，以抱著孩子和摟著孩子的肩膀最能使孩子產生幸福感和安全感。

擁抱還可代替稱讚，若孩子做了好事或改掉了不好的習慣時，父母滿意地擁抱他一會兒，孩子就會得到鼓勵。可以說，擁抱是不用語言表達愛和鼓

勵的最直接、最有效的方式。在父母的擁抱中長大的孩子，因為能夠時刻感受到父母對他的愛，所以他與父母的感情一般都很好。而能夠經常得到父母擁抱的孩子，心理也是很健康的，他們在生活中總是很自信、樂觀。

6. 眼神

著名哲學家、作家周國平說：「父母的眼神對於孩子的成長有著不可低估的影響。打個不太確切的比方，即使是小動物，生長在昏暗的燈光下或在明朗的陽光下，也會造就截然不同的品性。對於孩子來說，父母的眼神正是最經常籠罩他們的一種光線，他們往往是藉之感受世界的明暗和自己生命的強弱的。」

父母柔和、熱忱的目光會給孩子以激勵；埋怨、責怪的眼神則使孩子感到不安和失去信心；瞪著眼、斜著眼則會使孩子有一種被蔑視、鄙視的感覺。所以，父母在孩子面前，應該始終保持親切、和藹、信任和期待的目光，這樣能使孩子受到鼓舞，增強信心。

但在現代家庭中，大部分父母忙於工作和事業，很少有時間與孩子在一起。即使是在一起的時候，也總是喋喋不休地嘮叨孩子學習上的事情，父母們的眼睛裡流露出來的多是冷漠和忽視。對於這一點，孩子們的感受是非常深刻的。忙碌的父母們要努力克服這一缺點。

可以更好

一位女孩這樣說：

「媽媽在機關工作，經常有接待任務，我已經習慣了她很晚才回家。就這樣，留言條便成了我與媽媽溝通交流的工具。

媽媽寫的留言條總是很簡潔，但都能把事情講得清清楚楚。有一次，我考得不理想，看著試卷，彷彿看到了媽媽心急如焚的樣子。回到家，我想等媽媽回來給我簽字，可等了很久也沒有見媽媽回來，只好懷著忐忑不安的心情上床睡覺。第二天早上，我一個『鯉魚打挺』從床上跳下來。只見書桌上有一張已經簽好字的卷子，旁邊還有一張媽媽的留言條，上面寫著兩個剛勁

有力的字『加油！』我看得眼睛有點濕潤了，我還以為媽媽會把我從床上拉下來揍一頓，真沒想到媽媽竟會是這樣的反應！」

第五章 父母巧引導，孩子愛學習少叛逆

第五章 父母巧引導，孩子愛學習少叛逆

學習是孩子成長中最重要的事情，也是讓很多孩子和父母頭疼的事情，因為學習成績困擾著每個人。應該怎樣面對孩子的厭學、逃學現象？怎樣面對孩子的學習和考試焦慮？怎樣對待孩子的分數？這些問題都需要父母掌握一定的方法和技巧去給予合理解決。

第一節 孩子厭學，父母也有責任

成長故事

我的女兒今年上國二，她很聰明，就是有點懶惰，做作業馬馬虎虎，比如一個錯剛犯過，隔一天又犯！並且常常不能按時完成作業，總是拖拖拉拉，也很容易走神。她除了英語成績很好外，其他科目都很差。期中考試竟然作弊，還被記零分，為這事我氣了好幾天，還打了她一頓。但沒過幾天她又惹事，老師打來電話說：「你的女兒早自習在學校找同學抄作業，這種情況已經發生多次了。」我問女兒怎麼回事，她說因為這兩天很累，所以沒做。

面對這樣的孩子，我該如何教育她呢？

原來如此

這是一個處於厭學狀態的孩子，但她並不是自暴自棄、對一切都無所謂。雖然考試作弊、抄襲作業等行為是錯誤的，但是透過這些事情可以看出，孩子不想讓父母和老師對自己失望。

上國中以後，學習科目陡然增多，孩子原來的學習習慣一下子改變了，功課越落越多，使孩子逐漸失去了對學習的興趣。對於這種現象，父母如果靠打罵和講大道理，顯然治標不治本。

第五章 父母巧引導，孩子愛學習少叛逆

當孩子缺乏學習興趣，為了不讓父母和老師失望，就可能會做出如抄作業、考試作弊、撒謊等事情。要想杜絕孩子的這類錯誤行為，父母就應該從培養孩子良好的學習習慣入手，重新培養孩子的自信心和學習興趣。

溝通祕笈

在孩子還小的時候，他們在生活和心理上都對父母有所依賴，所以對父母的管教往往表現得非常順從，因此學習動力也主要是來自父母的態度。

進入青春期後，孩子對父母的依賴減弱、自身獨立意識增強，「為父母而學」的學習目的隨著成長逐漸失去作用。所以，在青春期階段，建議父母激勵孩子學習的方式應該有所改變。如果方法不得當，反而會給孩子增加心理壓力，導致厭學情緒的產生。

1. 與成長相適應的學習動力

一個剛升入國三的學生在和同伴抱怨：

「雖然我的學習成績很好，也知道學習對我的將來非常重要，但現在就是提不起學習的興趣。我在學校已經夠累、夠煩了，回到家媽媽還在我耳邊不停地嘮叨：『如果現在不努力，成績不好，以後就考不上好大學了。』她還總說我不如人家的孩子努力這一類的話。我非常苦惱，唉，我怎樣才能找回小時候那種學習的勁頭呢？」

隨著青春期獨立性的發展，孩子需要找到的是與自我發展相適應的學習動力。所以在這個特殊時期，父母應該幫助孩子擺脫內心的困擾，重新找到學習的動力，孩子最不能接受的是父母把這種狀態視為偷懶並加以斥責。

當學習一直很努力、很主動的孩子，突然出現了在學習時經常無法集中精力，對父母有關學習上的督促很反感或成績下降等現象時，說明孩子的心理陷入了某種困境，需要父母的合理引導。這時候父母應及時發現並提供幫助，避免孩子因不能緩解壓力而導致厭學情緒的產生。

2. 幫助孩子調整厭學情緒

上國中以後，學習科目陡然增多，孩子原來的學習習慣一下子改變了，功課越落越多，逐漸失去了對學習的興趣。對於這種現象，父母如果靠打罵和講大道理，顯然治標不治本。

當孩子缺乏學習興趣，抄作業、考試作弊、撒謊等行為就成為孩子為了不讓父母、老師失望而採取的唯一辦法。要想杜絕孩子的這類錯誤行為，父母就應該從培養孩子良好的學習習慣入手，重新培養孩子的自信心和學習興趣。

可以更好

理解孩子，多和孩子溝通。父母與子女之間良好的溝通是教育至關重要的環節。閒暇時可以詢問孩子是否有心事，在學習上有沒有遇到什麼困難等。只有孩子願意向父母敞開心扉，父母才能及時瞭解孩子種種變化的原因，有針對性地給予指導。

多欣賞和讚揚孩子自主、自立的行為。稱讚和鼓勵可以使孩子將學習與成長結合在一起，並有助於培養孩子主動學習、自我管理的行為習慣。對於處於青春期、有叛逆傾向的孩子，父母應避免採取將其他孩子和自己孩子做比較的做法。父母越是不承認孩子的努力，孩子成長得就越緩慢，其主動性和自我管理能力的發展都會因此而滯後。

協助孩子制訂學習目標。青少年自我評價的能力並不成熟，所以他們往往容易制訂超出自己能力範圍的學習目標，隨之而來的就是遭受失敗的打擊，這樣容易使孩子產生厭學的情緒。

對此，父母應當客觀評價孩子的能力，協助孩子把諸如考大學這樣的大目標，劃分為可以在各個階段逐步實現的小目標。小目標的制訂應該遵循「孩子經過努力就能達到」的原則，促使他們在每個階段目標實現的喜悅中體驗成就感，增強自信心，同時提高學習的積極性。

在否定孩子錯誤行為的同時也要肯定其中的積極因素。一分為二地去看待孩子的錯誤行為，對於其中的積極因素給予肯定，幫助孩子增加正面的自我評價，委婉地提出一些批評，恢復孩子的自信心。

逐步培養孩子良好的學習習慣。選擇一門對孩子來說較容易學好的學科，讓孩子從這門學科開始做到課上注意聽講，課下及時完成作業。從一門學科開始改進，難度不大。當這門學科的成績有所提高時，孩子可以體會到良好的學習習慣帶來的效果，逐漸認同並自覺培養正確的學習習慣，然後將這一成功經驗運用於其他學科。

降低對孩子的期望值。對孩子的教育不要急於求成，父母應善於觀察並發現孩子的每一個細微的進步並及時給予肯定和鼓勵，讓鼓勵和讚美成為改變孩子不良習慣的動力。這樣一來，孩子提高了知識的掌握程度，落下的功課補回來的越多，他們在學業上就越自信。良好的習慣、對學業的自信及父母的肯定，能幫助孩子重新找到學習的樂趣，找到努力學習的動力。

第二節 學習原來這麼好玩啊，培養孩子的學習興趣

成長故事

一位母親說，她很擔心女兒不能及時完成家庭作業，所以提出了一個「荒唐」的建議：由自己替她把作業完成。女兒聽到這個建議後很是吃驚，但沒有阻止，因為她想看看媽媽是如何做家庭作業的，更想知道媽媽是否想要什麼「花招」。

媽媽讓女兒每天放學後告訴她有哪些作業，自己需要做什麼。第一天晚上，媽媽就按照女兒的「安排」，完成了大部分的家庭作業，幾乎沒有任何疑問。第二天晚上，媽媽開始頻繁地詢問女兒應該怎樣去找相關的訊息，或者詢問老師有沒有解釋怎樣做這道數學題，這個到底應該怎樣才能做對。女兒不得不給媽媽講解一些課堂上老師曾經講過的東西。

後來，女兒發現要給媽媽講過之後再等她來完成實在太麻煩了，而且在給她講明白之前，自己已經把題目解決了，媽媽所做的不過是重複一遍，或是寫到作業本上而已。她不想讓媽媽再為她做作業了，但是媽媽卻說：「不行，我擔心你不能完成作業，這樣會被老師責罰，會很糟糕的。」

媽媽還是堅持這種方式,但後來只是在女兒明顯沒弄清楚的地方與她一起探討。一段時間後,她發現女兒已經不再對家庭作業有牴觸情緒,並且能高效地完成了,這才放棄繼續為孩子做作業的行為。

原來如此

這真是一位聰明的媽媽,她沒有直接說:「你為什麼不喜歡做家庭作業?」「你難道不知道做作業都是為你自己好嗎?」而是直接參與其中,從而能更敏銳地發現孩子的問題,並巧妙地幫助孩子解決了問題。

作為家長,你有沒有問過自己的孩子:「你在學校過得開心嗎?」有些家長之所以沒問,也許是因為他們已經知道答案,也許是因為害怕聽到否定的答案,也許是認為這個問題並不重要。但不管是哪一種,都是出自一種心態,那就是對自己孩子的學習積極性不抱太大希望。而且,許多家長也不知道應該怎樣提高孩子學習的積極性。

有一項針對中學生的調查表明,約85%的學生都覺得自己在學校過得不開心,原因主要是在學校感到壓力大,學習生活很緊張。

再溫馴的牛,如果牠不口渴,就算把牠帶到河邊,牠也不會主動喝水。對待孩子也是一樣,催促孩子學習,或強迫他們打開書本,如果孩子根本不想學習,一切都是枉然。

溝通祕笈

為了消除孩子對學習的排斥感,父母就要儘量改變孩子心中「學習是件苦差事」的印象。那麼,怎樣引導孩子,培養他的學習興趣呢?

1. 分散孩子的心理壓力

如100頁的家庭作業,在暑假的30天裡,每天只要做三四頁就夠了;也不妨利用遊戲競爭的方式,對孩子說:「在媽媽清理好廚房之前,你能不能把功課做完?咱們比一比看誰比較快。」

2. 順著孩子的心理「逆療」

有一個孩子特別不喜歡學習，於是媽媽請了一位大學生做孩子的家庭教師。一般的家庭教師都是和孩子一起做功課，但這位老師卻不同，不但不教孩子功課，反倒成天和他打棒球，每次總在汗流浹背之後丟下一句「我明天再來」。

就這麼過了三天，這位母親感到氣憤不已，當初就是為了讓孩子能夠好好讀書才花錢請家教，沒想到這老師這麼不負責任。

於是她便向家教老師表達了不滿，而這位大學生似乎沒什麼反應。終於有一天，師生兩人在玩球時，孩子突然說：「我們去做會兒功課吧！」這讓孩子的媽媽欣喜不已。

為什麼不喜歡讀書的孩子突然表示他想要用功讀書了呢？

其實，孩子原本就有「用功讀書」的自我實現慾望，只是苦於提不起興趣，有一種厭煩的心理，但是過度的遊戲、遠離書本會使他深感不安。此種「逆療」對於讓孩子主動用功也頗具效果。

3. 選孩子拿手的功課來培養興趣

可先讓孩子重點學習拿手科目。也許您自己也有這樣的體會，對自己所喜愛的或拿手的事，就算他人不要求，自己也會興致勃勃地去做，這個方法就是為了能讓孩子產生想用功讀書的念頭。當孩子已逐漸產生興趣後，再讓孩子接觸原本牴觸的科目，孩子由拿手科目所產生的動力會順利進入弱項科目。

4. 激發孩子的學習主動性

父母都喜歡說，「假如你……我就給你買……」有的孩子會答應得好好的，可是到時間還是做不到；有的孩子甚至直接就說「我才不要」。當孩子年齡比較小的時候，可以採取適當的物質獎勵。可當孩子 10 歲以後，用這種方式可能會適得其反。10 歲以後，孩子已有了自我意識，對於物質獎勵會加上自己的思考，判斷自己是否能得到。有的父母經不起孩子的死纏爛打，向孩子妥協。孩子有了這樣的體驗，會強化不勞而獲的心理。

第一，家長要克服急於成功的心理。站在孩子的立場上想一想，允許孩子在一定限度內犯錯誤。身教勝於言傳，如果你用強硬的態度對待孩子，孩子一定會用更強硬的態度對你，所以儘量用孩子能適應的語氣說話。第二，家長可以先設置一個容易的目標，讓孩子能獲得成功的體驗。成功的體驗對孩子的自信心和興趣的培養非常重要。第三，家長要給孩子設置明確的、適合自己孩子的目標，要讓孩子看到希望。家長若想讓孩子擁有競爭力、自信心、獨立性、情緒管理、人際交往等能力，還要重視孩子的情商教育。

可以更好

　　學習興趣的培養是一個長期的過程，不要急於求成，家長要有足夠的耐心和恆心。

　　1. 父母的榜樣作用。言傳不如身教，父母熱愛學習是對孩子的最大鼓勵。在學習氣氛濃厚的環境中長大的孩子，往往對學習有濃厚的興趣。

　　2. 家長和孩子一同學習。如果孩子自我約束力差，家長可陪讀一段時間，多關心孩子的學習，瞭解孩子的作業情況，並及時幫助其改正錯誤。

　　3. 可從孩子的某一特長出發激發孩子的學習興趣。每個孩子都有優點，家長可以透過孩子的優點、特長和成功，趁機培養其學習興趣和毅力。

　　4. 鼓勵表揚。家長對孩子要多表揚鼓勵，少指責打罵。孩子都有自尊心，當孩子的點滴成績被大家認可時，他們倍感自豪。這種溫和的表揚方式很容易被孩子接受，孩子也不會因一次成績不好而失去學習興趣。

　　5. 目標傾斜法。心理學家告訴我們，人們在努力工作或學習時，「痛苦」工作的前方應同時安排有快樂的「報酬」。也就是說，不管多麼痛苦的工作，只要前方有自己期待的東西，就不會感覺特別痛苦，這就是「目標傾斜法」。家長可以為孩子設計兩種「目標傾斜法」，使孩子提高學習效率。

　　(1)「先苦後樂」的「目標傾斜法」。比如先瞭解孩子想要看的電視節目，可以把收看前的一段時間定為孩子的學習時間。這樣，孩子不僅樂意接受，而且能比平時多學東西，效果也會比較好。

(2)「先樂後苦」的「目標傾斜法」。孩子正在看喜歡的畫本或電視節目，如果打斷他，孩子會不高興甚至反感和反抗，即使學習也心不在焉或者賭氣翻書、胡亂應付作業，學習效果也不會好。與其如此，家長不如把時間調整一下，等孩子把畫本或電視看完，再囑咐他們去學習。家長必須明白，時間是為提高效率而定，必要時可做調整。

第三節 注意力訓練，讓你的孩子出類拔萃

成長故事

王凱（化名）在國中時學習很好，但升入高中後，學習成績不斷下滑，這讓他非常沮喪。和很多學生不同，王凱非常瞭解自己成績下滑的原因——上課愛走神，無法集中精神聽講。

其實，王凱從小學開始就有這個問題。只不過因為小學和國中的課程相對簡單，王凱又是個聰明的孩子，雖然上課沒怎麼聽，但下課後看看書、做一做習題，也能掌握老師所講的知識，所以這個問題的壞處不那麼明顯。但升入高中後，隨著學習難度的逐漸加大和知識量的不斷增加，王凱在學習上也越發受到注意力差的困擾。

在課堂上他經常不知不覺就走神了，一走起神來就好像老師不存在了一樣，思想也不知在什麼地方遊蕩。因此，老師課上講的許多東西都被錯過了。在課後做作業時，也總是控制不住自己，時不時走神，別人一個小時就可以寫完的作業，王凱要寫上兩個多小時。因此，他的學習成績一路下滑。可是，他真是無法控制自己的注意力，不知不覺就走神了。他真不知道該怎麼辦，也不知道自己還有沒有希望。

原來如此

注意力不集中是很多孩子在學習路上的攔路虎，讓孩子們聰明的頭腦無法發揮真實的作用。生物學家喬治·居維葉說：「天才，首先是注意力。」保持良好的注意力，是大腦進行感知、記憶、思維等認識活動的基本條件。只

有打開注意力這扇窗戶，智慧的陽光才能進入心靈。要想改變孩子的注意力，父母首先得給孩子一個安靜的學習環境，另外還要幫助孩子整理自己的思緒。

溝通祕笈

以下幾種切實可行的方法，父母可以和孩子一起來訓練。

1. 運用積極目標的力量

父母可以幫助孩子給自己設定一個提高自己注意力和專心能力的目標，但這個目標不宜過大。比如一個小時之內記住 20 個英文單詞，在達到這個目標的過程中高度集中注意力。讓孩子學會在任何需要的時候都能將自己的注意力集中起來。

2. 培養對專心素質訓練的興趣

有了這種興趣，孩子就會給自己設置很多訓練目標。孩子就會在很短的時間內，甚至完全有可能透過一個暑期的自我訓練，發現自己和書上所讚揚的那些大科學家、大思想家一樣，有了令人稱讚的高度集中注意力的能力。

3. 要有對專心素質的自信

千萬不要接受自己和他人的不良暗示。在很多場合都聽到有父母說：「我的孩子上課時精力不集中。」有的孩子自己可能也這樣認為。其實，這種狀態可以改變。對於絕大多數孩子來說，只要有這個自信心，相信自己可以具備迅速提高注意力的能力，透過訓練，就能具備這種素質。

4. 善於排除外界干擾

毛澤東在年輕的時候，為了訓練自己集中注意力的能力，曾經給自己設置了這樣一個訓練科目——到大街上讀書。這就是為了訓練自己的抗干擾能力。當閱讀和學習時，對周圍的一切不相關因素「免疫」，這種能力是可以透過訓練獲得的。

5. 善於排除內心的干擾

在這裡要排除的不是環境的干擾，而是內心的干擾。在課堂上，周圍的同學都坐得很好，但是，自己內心可能有一種衝動，有一種干擾自己的情緒，有一種與學習不相關的興奮。對於各種各樣的情緒，父母應引導孩子善於將它們釋放出來，予以排除。

6. 節奏分明地處理學習與休息的關係

千萬不要這樣學習：從早晨開始就好像在複習功課，儘管書一直在手邊，但是效率很低，一會兒幹這個，一會兒幹那個。12個小時就這樣過去了，休息也沒有休息好，玩也沒玩好，學習也沒有什麼成效。不要熬時間，永遠不要折磨自己。一定要善於在短時間內迅速集中注意力，高效率學習。

7. 空間清靜

很多孩子常常會有這樣的經歷：自己坐在桌子前想學數學，剛好看到桌子上有一張報紙。本來是墊在書底下的，上面有些新聞，忍不住就看起來了。看了半天才想起來，我不是來看報紙的，而是來學數學的。所以，保持空間清靜很重要。當你在家中複習功課或學習時，要將書桌上與你此時的學習內容無關的其他書籍、物品全部清走。在你的視野中，只有你現在要學習的科目。這種空間上的處理，是在訓練自己集中注意力的最初階段的一個必要手段。

8. 對感官的訓練

可以訓練孩子在一段時間內盯住一個目標，而不被其他圖像所轉移；也可以訓練孩子在一段時間內雖然有多種聲音，但是只集中精神聆聽一種聲音；還可以在整個世界中只感覺太陽或者月亮的存在，或者只感覺周圍空氣的濕度。這種感官上的專心訓練是進行注意力訓練很有用的技術手段。

9. 不在難點上停留

課堂學習或讀一本書的時候，可能出現某一點不太理解，而且做了努力還不太理解的情形。沒關係，放下來接著往下閱讀，千萬不要被難點擋住。實際上，在你繼續學習的過程中可能會發現，後邊大部分內容你都能理解，而前邊這幾頁不理解的東西，你慢慢也會理解。

可以更好

以下是幾個訓練學生集中注意力的小遊戲，家長可以在閒暇的時候和孩子一起玩。

1. 靜心訓練

選擇一塊乾淨舒適的地方，讓孩子盤腿而坐，挺直腰板，雙手自然放在膝蓋上，全身放鬆，雙目微閉，像和尚打坐一樣，每次靜坐 5 分鐘，可以配上優美舒緩的輕音樂。家長要注意記錄孩子的小動作，睜眼、眼皮抖動的次數，以及每次持續的時間。

2. 大西瓜，小西瓜

這是一個反口令練習，家長說大西瓜時，孩子的手要比畫成小西瓜的形狀；當家長說小西瓜時，孩子的手要比畫成大西瓜的形狀。家長可以和孩子交替訓練，看誰能堅持到最後。

3. 運動訓練

在地上畫兩條 3～5 公尺的平行線，讓孩子頭頂書本，目視前方，沿著平行線的中間前進。不能踩線，更不能走到平行線之外。踩線和頭上的書掉下來都算犯規，必須重來。

第四節 引導孩子自主學習

成長故事

「您說現在的孩子，一天不督促他就把學習忘了，怎麼說都沒用，像沒長耳朵一樣，他怎麼就不知道自己學習呢？說得嘴皮子都磨破了，一點兒用都沒有！」

「為了讓孩子自主學習，我們家保持極度的安靜，生怕孩子受到影響，但孩子學習怎麼還是不自覺？」「現在的孩子學習怎麼這麼令人費神？我們當初可不是這樣的，父母根本就不管我們的學習。」

第五章 父母巧引導，孩子愛學習少叛逆

原來如此

越來越多的父母抱怨孩子學習不自覺、讓人操心。其實，自主學習也是一種極其重要的能力，需要父母悉心培養。如果孩子到了青春期還沒有學會自主學習，父母就要好好找一下原因了。

孩子為什麼在學習上缺乏主動性？父母不妨看一下自己是否有以下行為。

1. 孩子是家中的獨生子女，平日裡，家人都圍著他轉。在學習上，孩子一遇到難題，父母便上陣解圍。

2. 孩子從小學開始，就被迫參加各種培優班、補習班。父母對孩子的期望值很高，孩子考了班級第一，父母還希望他是年級第一；孩子考了99分，父母還希望孩子考100分。父母的眼睛總盯在金字塔的塔尖上，於是沒完沒了地批評和指責孩子，使孩子很難得到父母的肯定。父母還會經常說：「孩子，好好學習，考個好高中，考個好大學，找個好工作，過上好生活。」無形中給孩子施加了很大的壓力。

3. 當孩子的書或作業本忘在家裡時，父母一接到孩子的求助電話，便放下手上的工作，飛車送過去；孩子遇到難題，父母便捋袖上陣；孩子犯了錯，父母主動做檢討。

父母們有沒有覺得以上行為有什麼不對呢？其實，正是這些「關愛」掐滅了孩子學習的積極性，降低甚至毀掉了孩子自主學習的能力。

首先，父母過度的包辦和關愛，讓孩子身處被動的環境，很難有主動的機會。

其次，孩子缺乏學習的動力。孩子從小就被剝奪了玩的權利，對學習不但沒興趣，可能還有牴觸情緒，自然就體驗不到學習的成就感和快樂，在學習上基本沒有夢想。加上「學習至上」思想的左右下對孩子恆心和毅力的培養被家長忽略了，孩子更不會主動學習了。

最後，孩子學習的責任意識被剝奪。父母過分的「幫助」給了孩子「遇到學習困難找父母」的不良暗示，使得孩子對學習缺乏責任感。

所以，父母要想讓孩子能自主學習，首先得反思一下自己的教育方式是不是恰當的。

溝通祕笈

青春期的孩子正處在可塑性較強的階段，只要父母採用切實可行的方法，就可以引導他們自主學習。對此，有教育專家給出了以下建議。

1. 減少孩子的牴觸情緒

隨著孩子年齡的增長，其獨立意識越來越強，因此在孩子的成長過程中父母更應注重與孩子的交流。在交流中，父母應該注意，要讓孩子感覺到自己的付出得到了認可，是有價值的。當牴觸情緒大大減少時，孩子就能更好地接受父母的教育了。

2. 加強責任感教育

父母應該讓孩子知道自己的學習責任。告訴孩子：在一個家庭中，父母和孩子都有自己的責任。孩子應該知道自己才是學習的主體，學習就是自己的事，所以不能要求父母去承擔本該屬於自己的責任。當孩子有了高度的學習責任感時，他就會盡自己所能去搞好學習。

3. 在學習過程中，對孩子進行方法指導

一般而言，學習計劃最好交由孩子自己制訂，父母可以做參謀，但不要代勞。當孩子能夠堅持按照計劃行事並養成習慣後，就打開了自主學習的大門。

父母要告訴孩子：學習不是任務，而是一種鍛鍊思維的過程，是一種透過思考解決難題的鍛鍊過程。父母可以引導孩子學會審題、篩選題幹中的有用訊息，旁敲側擊，鼓勵孩子大膽嘗試用各種方法去解決問題，不要一開始就為他提供幫助。

4. 注意培養孩子的閱讀能力

具有良好閱讀能力的孩子，其手、腦、眼各器官能協調作用，大腦的興奮中心處於優勢地位，能高度集中注意力，大大提高學習能力，加快自主學習能力的增長。

5. 幫助孩子養成使用工具書的習慣，教孩子學會檢索

各種工具書也是孩子自主學習必不可少的，如《現代漢語詞典》《英漢大詞典》等，孩子養成了查閱工具書的習慣後就不會動輒向父母請教。現在是訊息時代，家長不僅要鼓勵孩子到圖書館去查找資料，還要學會利用互聯網檢索、下載文件。

6. 與學校教育形成合力

父母要注意配合老師的教育教學，多與老師保持聯繫。關注孩子在學校的表現，遇到問題也可與老師交流，一起想對策引導孩子，形成教育合力，孩子肯定會有所進步。同時，父母也應鼓勵孩子多與老師交流。當師生關係變得融洽時，老師的教育也能更加有效。

古語有云：「授人以魚，不如授人以漁。」一個人自主學習能力的高低，將在很大程度上影響他的一生。一旦孩子擁有了良好的自主學習能力，就像擁有了一把開啟知識寶庫的鑰匙，能幫助他在今後的生活和學習中不斷地補充、完善自己。

可以更好

1. 父母以身作則

喜歡學習的父母才能培養出愛學習的孩子。父母首先要喜愛閱讀，懂得學習的方法，瞭解學習的內容，這樣才能指導孩子學習。特別是在培養孩子學習習慣的初期，父母本身的行為將有助於帶動孩子喜歡並自願去學習。

2. 營造一個良好的學習環境

父母可以為孩子提供一個良好的學習環境，給孩子提供一些他喜歡的學習材料。這樣可以拓寬孩子的學習範圍，使他們自由學習自己喜歡的內容，自由發揮學習天性，從而愛上學習。因此，父母可以為孩子建立一個屬於自己的書架，擺上他自己的圖書。當孩子主動閱讀上邊放置的圖書、雜誌等時，父母可以給予誠摯的讚美。由於父母的欣賞，孩子自然樂於學習。能夠擁有自己的藏書，也有助於培養孩子主動學習的習慣。

　　3. 和孩子一起學習

　　父母可以陪伴孩子逛書店，依照他的喜好、年齡等為孩子介紹好書。然後，父母最好能夠和孩子一起學習。這不但可以營造良好的家庭學習氣氛，讓孩子願意跟隨父母學習，父母也可以與孩子一起討論，鼓勵孩子發表意見和觀點。

　　4. 教導孩子學習方法

　　父母需要教導孩子掌握一些基本的學習方法。如，鼓勵孩子學習「先看序文」的好習慣。因為這有助於孩子對全書有概括性的印象或衡量的標準，然後再讀全書，就不至於毫無頭緒。此外，鼓勵孩子朗讀，讓家人聽聽。當然，父母需要表示出對孩子朗讀的欣賞。如此，既有助於加深孩子對學習的興趣，也能幫助孩子養成學習的好習慣。

第五節 幫助孩子培養良好的學習習慣

成長故事

　　小文（化名）就讀於某重點中學國中一年級，她讀書非常用功。每天回到家裡不是看書就是做作業，一直忙到深更半夜才睡覺。每逢考試，她更是忙得不可開交，整天都在背啊，寫啊，一會兒看看這本書，一會兒翻翻那本書……儘管她在學習上所花費的時間很多，但是考試成績卻不盡如人意，費了九牛二虎之力才擠進班級前 20 名。這一切，小文的爸爸看在眼裡，急在心裡，剛進國中孩子就這麼吃力，老這樣下去，到了國三，孩子的身體非累垮不可。

原來如此

　　學習習慣是一種比較鞏固的動力定型。比如，一個孩子如果養成了晨讀的習慣，每天早晨起床後，他就會不假思索地拿起書本朗讀起來。

　　學習習慣有好壞之分。孩子自覺地學習，及時預習、複習，遇到問題積極思考等，都是學習的好習慣。如果一個孩子沒有養成良好的學習習慣，這個學生的學習狀態是不可想像的，學習成績也一定不會好。

　　著名教育家葉聖陶說過：「中小學的根本任務就是培養學生的習慣。」作為父母，最重要的任務之一是要培養孩子良好的學習習慣，抑制和消除不良的學習習慣。

　　有的父母認為學習習慣是個小問題，「長大了懂事了，自然就會好的」。

　　但是，在孩子10歲以後，要糾正他們已經形成的習慣會比較困難，所花費的時間和精力要更多一些，訓練的強度要更高才行。

溝通祕笈

　　培養孩子良好的學習習慣，父母要從孩子平時的生活、學習小事抓起，主要有以下方法。

　　1. 讓孩子明確學習責任，自己承擔後果

　　作為一個學生，孩子的首要任務就是學習。在新學期開始時，父母就要與孩子「約法三章」，規定在未完成學校的功課之前，不能去做任何與作業無關的事情，例如玩遊戲、看電視等。

　　當孩子專注地完成作業後，要給予獎勵，讓他感受到盡全力去做並取得成績給自己帶來的自豪和自信。反之，如果孩子學習時左顧右盼，一會兒吃零食，一會兒看電視，父母們就要採取一些懲罰措施，如停止看電視一週等。

　　2. 為孩子制訂時間表

父母可以根據孩子年齡的大小和學習任務的輕重，科學地為孩子安排和調整好作息時間。孩子吃飯、睡覺、做作業、玩耍的時間一經規定就要嚴格執行並堅持下去。

提醒孩子按時做作業、複習功課、休息，每天監督孩子，從而使孩子養成良好習慣。家長可以和孩子一起制訂作息表，然後讓孩子自覺地按時間表去執行。比如可以按月制訂時間表，某年某月，放學後幾點到幾點做什麼，或者用多長時間複習功課。只要堅持下去，習慣就會變成孩子的行為準則。如果孩子這一個月「堅定不移」地執行了，就要適當獎勵孩子。

3. 讓孩子養成預習的習慣

充分的準備是造就成功的最基本要素。家長平時要提醒孩子，在做任何事情前都需要做些必要的準備。學習需要預習，做好預習再聽課，學習將取得事半功倍的效果。所以家長要提醒孩子，做完作業後到睡覺前必須安排預習時間，看課表第二天有哪些課，這些課該講什麼地方了，把這些地方認真地看一遍，找出看不懂的地方，把這些看不懂的地方當作第二天聽課的重點。

4. 幫助孩子克服做作業拖拉的習慣

其實，孩子做作業拖拉的習慣，很大程度上是由父母造成的。一些家長在孩子做作業時端茶、送水，總是打斷孩子；還有的家長喜歡坐在旁邊指手畫腳，造成孩子心理恐懼，每寫一個字都小心謹慎；還有的家長在孩子做完作業後安排大量的課外練習，一些孩子為了避免多做作業而有意拖拉。久而久之，拖拉的壞習慣就養成了。

對於孩子的拖拉現象，首先父母就要反省，看看到底是什麼原因讓孩子養成了拖拉的習慣，然後對症下藥。孩子做作業前，父母要讓孩子將一切準備工作做到位，如喝水、上廁所，把要用的文具、書本都準備齊了；孩子做作業時，家長不要在一旁，更不要輕易打斷孩子。對於一些已經有拖拉習慣的孩子，可請教老師完成作業的大致時間，限時讓孩子完成作業。

5. 鞏固與監督相結合，給孩子充分的信心

要培養孩子良好的學習習慣，最佳的辦法就是經常不動聲色地觀察孩子的行為表現。

孩子表現優秀時給予表揚，不斷鞏固良好習慣；在稍有偏差時適時提醒，及時糾正。另外，爸爸媽媽千萬不能吝嗇對孩子的表揚與肯定，不要覺得多表揚會助長孩子的驕傲之氣。相反，及時表揚孩子良好的學習行為，會刺激孩子形成和鞏固良好的學習習慣。

同時，我們要給予孩子一定的「行為空間」，以良性的談心方式與孩子溝通，斥責、辱罵只能造成一時的效果，並非長久之計。只有當孩子真正對自己有信心時，他才會按良好習慣行事。

培養孩子良好的學習習慣是一門學問，我們只要認真堅持去做就一定會有成效。

可以更好

1. 及時複習的習慣。人的記憶分三個階段：瞬時記憶、短時記憶、長時記憶。及時複習可以使知識從短時記憶轉化為長時記憶。

2. 主動識字的習慣。採用兒童詩識字、韻語識字、詞串識字、閱讀識字等途徑，為學生識字提供多樣的語境，激發孩子主動識字的願望。心理學研究表明：復現形式越多越新，記憶的效果越好。

3. 提前預習的習慣。預習，不但可以縮短孩子在學習上的差距，還能使他在課堂上顯得更自信、更有勇氣，而且可以讓孩子自己摸索出一條學習的路徑，積累一些自學的方法。

4. 善於提問的習慣。學問學問，既要學，又要問。家長在輔導孩子學習時，應多啟發鼓勵孩子提出問題。當孩子提問時哪怕提出的問題非常幼稚，也要給以鼓勵，逐步培養孩子的思維能力。

5. 規範書寫的習慣。儘管電腦日益普及，但硬筆書寫仍是日常生活中不可缺少的傳遞訊息和知識的技能，而且寫一手好字或者寫一手規範的國字是一個優秀人才應具備的素質之一。

6. 經常閱讀的習慣。當孩子有閱讀的願望時，家長和老師要及時抓住這個時機，盡可能提供一些適合孩子閱讀的材料。此時，選文的篇幅宜短小、富有童趣，讓「閱讀」成為「悅讀」。

7. 口語交際的習慣。家長或老師在和孩子交流的過程中，要有「教育」的覺悟和意識，引導孩子用普通話交談，說規範的語言，培養孩子準確把握語言的能力。

第六節 培養孩子自我管理的好習慣

成長故事

一位老師描述了她的一個「健忘症」學生：

這個孩子我簡直沒轍了，他怎麼可以連續三天忘記帶作業本！週一他沒帶作業本來，我想著週末孩子貪玩，忘記了也很正常，就告訴他第二天帶來。到了第二天一問，他依然說忘了，並且一點愧疚感都沒有，還很理直氣壯，我就有點生氣，告訴他週三不帶作業本就罰他寫兩遍。週三一來，我剛走到他座位旁不等我開口問，他就主動站起來說作業本又忘記了。我當時就很氣憤：「真沒見過你這樣健忘的！」

晚上我打電話給他媽媽，告訴了他在校的情況，然後詢問孩子在家表現怎麼樣。他媽媽是這樣說的：「最近我們的工作比較忙，很少有時間關心孩子的學習，每天的作業主要是靠他自己來打理。」我感到疑惑，他的作業不是他打理難道要別人替他打理嗎？我問：「那以前是怎麼辦的？」他媽媽說：「以前的作業都要我們來監督他完成，包括整理書包、收拾房間⋯⋯」

原來如此

現在很多孩子都面臨著這樣的尷尬。父母的包辦和溺愛，讓他們失去了許多本應該具備的能力。十幾歲了，還不能夠自我管理，生活一團糟，習慣很不好。很多孩子是這樣：媽媽不在家，他寧可餓著也不會自己做東西吃；

如果父母不催促，他就不知道去做作業；如果媽媽不叫他起床，他上學肯定遲到。

這怎麼不讓人擔憂呢？

一個人能不能進行自我管理是非常重要的。一位管理學大師說：「除非你能管理『自我』，否則你不能管理任何人或任何東西。」對於孩子來說，自我管理是其他一切能力的基礎。如果孩子連自己都管不好，又怎麼能培養他的領導能力、合作能力等其他能力呢？因此，孩子在走上社會前，必須學會自我管理。

如果父母能從小培養孩子「自己的事情自己做、自己的東西自己管、自己的生活自己安排」的自我管理習慣，就能增強孩子行動的獨立性、目的性和計劃性，這對於孩子今後生活的幸福和成功有很大幫助。

溝通祕笈

那麼，父母應該怎樣培養孩子自我管理的好習慣呢？

1. 讓孩子學會有主見

孩子隨著年齡的增長和知識的豐富，會對一些事物、一些問題產生自己的判斷和看法。這些主觀意見的產生正是孩子成熟的起點，父母要給予積極引導，這樣能使孩子學會正確分析事物、有主見、有獨立意識、不人云亦云。可是有的父母總是要孩子按照他們自己的意圖去做，完成父母設計的「宏偉藍圖」。其實，孩子的生活中真正的管理者應是孩子自己，父母只是督促提醒，允許孩子在自我管理中反覆或失敗，不能要求孩子走自己設計的路。

2. 學會在生活中自我管理

韓國人比較喜歡週末全家出遊。不管孩子多大，哪怕只有兩三歲，父母都會帶上他。而且，父母都會讓孩子自己走，自己去照顧自己。有時，小孩子玩累了，走不動了，父母也很少抱起他們，而是在一邊等他們休息一會兒再接著走。韓國父母認為，應該從小就鍛鍊孩子的生活自理能力，這樣孩子才會學會自我管理。

而我們的父母是怎樣對待孩子的呢？東西亂放了，大人來收拾；衣服穿髒了，大人來洗……甚至有不會剝雞蛋的笑談，這樣的孩子一旦離開父母就無法生活了。很多父母應該在平時就注意培養孩子自我管理的意識，例如，作業做完後自己收拾書包，房間亂了自己整理等。久而久之，他便會學會約束、控制自己，形成良好的自我管理的習慣。

3. 學習自我管理

許多父母都會抱怨：孩子不會整理書包，書包裡亂得像「廢紙簍」，父母只好每天幫他整理。事實上，孩子養成這種毛病的主要原因就是父母包辦一切，未能培養起孩子自我管理的能力。父母應該要求他學會愛護和整理書包、課本、文具，自己準備好第二天上課要用的東西。

有些父母還有替孩子檢查作業的壞習慣。一旦父母幫助孩子檢查作業了，孩子不但自己不再檢查作業，反而覺得這是父母的事情，對學習的興趣也會降低。

4. 情緒自我管理

當遇事不如意或遭遇突發事件時，許多孩子往往會表現出情緒不穩定，或者是大喜大悲，或者是做事不顧後果，容易衝動。而對於一個善於自我管理的孩子來說，就不會出現這樣的情況，因為他知道應該怎樣去正確釋放自己的情緒。

比如，有些孩子喜歡罵人、說髒話。他們雖然知道罵人、說髒話是不對的，而且每次罵人、說髒話以後也常常後悔，但是由於已經習以為常，所以總無法控制自己。

父母可以鼓勵孩子把不高興、不愉快的事情告訴父母或其他人以緩解心中的不快。還要教育孩子以平和的心態看待與他人之間的摩擦，讓孩子學會包容他人的過失。

5. 行為上的自我管理

第五章 父母巧引導，孩子愛學習少叛逆

一個孩子如果沒有自我控制能力，就會盲目行事，做不好自己應該做的事情。比如，有的孩子成績本來很好，但由於迷上了電子遊戲，又不能較好地控制自己，致使學習成績每況愈下，最後每門功課都不及格。

要讓孩子學會控制自己的行為，父母首先要讓孩子明確什麼是可以做的、什麼是不可以做的，事先在孩子腦海中形成一個判斷是非好壞的標準。按照這個標準，他才能認識到自己的行為是否正確，才能學會控制自我。

可以更好

父母不妨透過制訂家庭規則來指導孩子。比如，晚上不能太晚回家；未經家人同意不能在外留宿；說錯話或做錯事時要禮貌道歉等。如果孩子不太情願，父母可在平等的基礎上與孩子簽訂協議，把父母需要達到的教育目標轉化為孩子的內在要求和自覺行動。這有利於孩子自我約束意識的形成和自我管理能力的提高，還要注重把對孩子外在的約束力轉化為他們內心的自我控制能力。

第七節 實施挫折教育，把適當的壓力還給孩子

成長故事

這幾天，李曉（化名）的媽媽情緒很低落。因為她發現她的教育並不是那麼成功，這位一向以為自己是「成功母親」的媽媽，陷入了苦惱和深思之中。

從小到大，李曉成長的道路可以說是一帆風順。他學習好，又很乖，常常讓調皮孩子的家長羨慕不已。偶爾遇到那麼一點小小的磕磕絆絆，媽媽也為他一一化解。進入國中後，他成績也一直很好。

然而有一天，媽媽發現李曉情緒很低落，飯也不吃，心事重重。媽媽問他，他卻什麼都不肯說。媽媽心急如焚，趕緊打電話給班導師，原來是李曉在剛剛結束的期中考試中發揮失常，有幾門沒考好。

兒子也會在考試中失手,她真沒想到。可是看著孩子情緒不好,她只好來開導他:「一次沒考好不算什麼,別太放在心上,影響了以後的學習就得不償失了。」

聽著媽媽的勸慰,李曉只是低著頭,默不作聲。媽媽繼續做他的工作,可半小時過去了,他還是不說話。媽媽有些火了:「你到底在想什麼?一次考試至於嗎?這麼大一個男孩子,你怎麼就拿得起放不下呢?」

沉默著的李曉這時突然爆發了:「拿得起放得下,說得倒輕巧!大道理誰不懂!你以為說放下就能放下……」

媽媽愣住了,啞口無言。看著怒氣沖沖的兒子,她不由得好生慚愧:「讓一個從未體驗過挫折的孩子突然間去面對失利,他需要的不是道理,而是實實在在的對抗挫折的能力。可我,曾經培養過他的這種能力嗎?」

是啊,我們注意過培養孩子抗挫折的能力嗎?

原來如此

現在的孩子,有多少是成長在溺愛的環境裡?又有多少脆弱得像雞蛋殼?

現在不少孩子身上存在害怕困難、承受挫折能力差等問題。近年來,這一問題已經引起了全社會的廣泛關注,對孩子進行挫折教育的呼聲也日益強烈。心理學家、教育家、家長、教師等紛紛呼籲「今天的孩子需要挫折教育」。

許多時候,孩子的挫折情緒來自對外界事物的畏懼。不瞻前顧後,才能有更多自信,才能不被風浪擊倒。

一個能夠正確對待挫折的人,他的意志力會比較強,面對不如意的境況時,情緒波動相對較少,而接受力則較強。

常言道:「玉不琢,不成器。」失敗與挫折,是孩子生活中必須經歷的內容,孩子的耐挫能力正是在與困難、挫折打交道的過程中逐漸形成的。可是很多父母心疼孩子,主動幫孩子鋪平道路,實際上卻剝奪了他們成長的機會。

溝通祕笈

那麼，如何對孩子進行挫折教育呢？

1. 讓孩子認識挫折

如果沒有充分的心理準備，孩子一旦遇到挫折時就會束手無策。父母首先要讓孩子認識挫折，並給他講述那些身處逆境仍然自強不息、奮力拚搏的人的故事。如：在一個漆黑的山洞中，在沒有任何亮光可以憑藉的情況下，意志頑強的人是如何走出去的；在地震過後的廢墟中，沒有水，缺乏氧氣，無助且堅強的人是怎樣堅持直到獲救的；等等。這都是培養孩子頑強意志的基礎。

2. 可以人為製造一些挫折

在現在生活中，可以說孩子遇到挫折的機會不多。所以，父母應人為設置一些障礙，製造一些挫折以訓練孩子對逆境的忍受能力，更好地適應生活。比如，孩子要吃飯時，故意晚點開飯；孩子要買什麼東西時，不要馬上給他錢。

不過，不要給孩子無端地製造挫折，尤其不要隨便否定孩子本身，要就事論事，在解決方法上多下功夫。當孩子自願挑戰而遇到挫折時，父母要更多地從各個方面給予孩子點到為止式的啟發和指導，盡可能讓孩子自己來解決問題，克服困難，使孩子慢慢養成自己的事情自己處理、自己的困難自己解決的好習慣。

3. 提高孩子對挫折的容忍能力和超越能力

面對挫折，從容忍到超越，這是一個逐步進步的過程，也是孩子心理發展逐步成熟、心理健康日益增進的動態反映。對挫折的容忍能力和超越能力是透過學習獲得的，比如那些在生活中積極承受過挫折的人，對挫折的容忍能力和超越能力就比較強。因此，父母一方面應指導孩子學會如何在現實生活中面臨挫折情境時減弱挫折感，另一方面還應教會他們採用一些積極的心理防衛機制，使他們能夠發揮個體的主觀能動性，減輕或免除心理壓力，恢復心理平衡。

4. 給孩子一些劣性刺激

劣性刺激是指一些令人不舒服或不愉快的外界刺激，適當的劣性刺激對孩子來說是有益的。比如飢餓，飢餓是一種挑戰生理極限的刺激。如今生活條件好了，很多孩子吃飯挑食，或抱怨這抱怨那。這時候，父母可以適當讓孩子嘗一下飢餓的滋味，讓孩子在飢餓的刺激下學會控制自己的偏好。

劣性刺激還包括吃苦、批評、懲罰、忽視等，父母可以採取正確的方法，給予孩子適度的劣性刺激。比如可以適當忽視孩子，讓他自己調整心態，從而幫助他更好地與人交往。

可以更好

20世紀70年代，中國科技大學的「少年班」全國聞名。在當年那些出類拔萃的「神童」裡，就有今天的微軟全球副總裁張亞勤。但在當時，全國大多數人都只知道有一個叫「寧鉑」的孩子。很多年過去了，寧鉑悄悄地從公眾的視野裡消失了，而當年並不知名的張亞勤卻享譽海內外，這是為什麼？

歸根結底，是他們抗挫能力的差別導致了今天的差距。因為成長過程過於順利，致使寧鉑很難有勇氣面對失敗。大學畢業後，寧鉑雖然強烈希望報考研究生，但他一而再、再而三地放棄了希望，因為他太害怕失敗了。而張亞勤在挫折面前勇於進取，不怕失敗，從而鑄就了他今日的成就。

挫折教育其實就是使孩子不僅能從外界給予中得到快樂，而且能從內心激發出一種自尋快樂的本能。那父母應該如何培養孩子的抗挫能力呢？

第一，父母要樹立挫折教育意識。許多父母都認為，孩子心理承受能力差，應該對孩子保護有加，這種觀念直接影響了孩子。其實，一個人受點挫折，尤其是早期受一些挫折，很有好處。家長應正確看待挫折的教育價值，把它看成磨煉孩子意志、提高孩子適應能力的好方法。

第二，父母要有意給孩子設置一些挫折、障礙。對孩子來說，在成長的道路上難免要遇到苦難、阻礙。如果孩子平時走慣了平坦路、聽慣了順耳話、做慣了順心事，那麼一旦他們遇到困難，就會不習慣，從而束手無策、情緒

緊張，容易導致失敗。所以父母不妨在平時學習和生活中有意給孩子設置些障礙，或對孩子的要求說「不」，以此給孩子「加點鈣」。

第三，父母要鼓勵孩子克服困難和挫折。有的孩子在逆境中易產生消極反應，往往會垂頭喪氣，採取退避的方式來應對問題。要改變這種現象，就必須在孩子遇到困難時教育孩子勇敢面對挫折，向困難發起挑戰。例如，當孩子登山怕高、怕摔跤時，就應該鼓勵孩子說：「別怕，你行的！摔一跤算什麼？」當孩子一次次戰勝困難時，他們便會增添勇氣，激起戰勝困難的願望，害怕的心理就會消失，自信心就會增強，抗挫折能力也就培養起來了。

第四，在孩子失敗後，要溫情地鼓勵孩子。生活中的不如意太多了，對孩子來說，家人的溫情與支持是信心的來源。人是有感情的動物，我們多麼希望孩子能一切順利，但是挫折卻像影子一樣會跟隨著孩子一生，我們只好把它當作生活裡正常的一部分，以一顆平常心去對待。因此，當孩子面對挫折的時候，父母更應看重孩子的心靈，用溫情去溫暖孩子，對孩子進行引導，避免挫折對孩子的心靈造成傷害。

第五，引導孩子多讀一些偉人傳記。讀得多了，孩子就會感覺到人生的過程就是不斷戰勝困難、戰勝挫折的過程。和偉人比起來，我們遇到的困難和挫折實在算不了什麼。偉人是在大海裡與大波大浪搏鬥，而我們所面對的挫折，真的像在公園裡划船時遇到的一點小浪。

不經歷風雨，怎能見彩虹？只有勇於面對挫折的孩子，才能取得成功！

第八節 「我是最棒的」——孩子自我激勵情商的培養技巧

成長故事

一名12歲的小賽車手在比賽中獲得了第二名，他興高采烈地跑回家，想第一時間把這個好消息告訴他的媽媽：「媽媽，今天有35輛車參加比賽，我竟然得了第二名！」

「這有什麼值得高興的？要我說——你輸了！」母親這樣回答他。

「媽媽，你不覺得我第一次賽車就拿第二名是一件很了不起的事情嗎？而且那麼多輛車參加呢！」孩子委屈地抗議道。

「要我說，你就是輸了。你完全可以不跑在任何人的後面。別人能跑第一，你為什麼就不能？你也能！」母親嚴厲地說。

這句話深深地刻進了兒子的腦海裡。

在接下來的20年中，這個孩子逐漸稱霸賽車界，成為運動史上贏得賽車獎牌最多的選手——他就是理查·派迪。

直到今天，理查·派迪的許多項紀錄還保持著，沒人能打破。20多年來，他一直未忘記母親的責備——你可以不跑在別人後面的！母親的這句話讓他明白了一個道理，那就是一個人要不斷鼓勵自己：「我是最棒的！我要做第一！」

原來如此

自我激勵是人對美好事物的嚮往、追求和希望，它能激發力量、引發智慧、鼓舞鬥志。如果沒有激勵就不會有學習的產生，就不會有相應的行為和良好的效果產生。對任何人來說，生命需要激勵，學習更需要激勵。

激勵的力量來源於自我奮發向上的心理。如果自己認為自己不行，就不可能產生力量。有個心理學家做過這樣一個實驗，他對試驗者進行催眠，然後，給一部分人進行暗示：你們有著非凡的力量；同時對另一些受試者進行相反的暗示，暗示他們疾病纏身、衰弱不堪。在這兩種不同的心態下，對他們進行握力的測試。結果，第一組的成績非常出色，而第二組的成績十分低下。

人生的成功與否固然與外部環境有關，但是，更與自我激勵有關，與自己的成功意識有關。科學家對創造型人才的調查和研究表明，創造型人才的一個主要特徵是不怕失敗，不迷信別人，不迷信權威，他們有一種強烈的自信心。美國的心理學家們曾進行過一項歷時幾十年的研究，他們對具有較高

智力的學生進行長期的跟蹤調查，發現有著相似的智力、相似的成績的學生，幾十年後的成就相差很大。究其原因，不是智力的差異，而是人格特徵方面的不同。有成就的人大都堅定、努力、不怕困難、敢於懷疑、不迷信權威、自信心較強。正是這種自信、自我激勵，使他們勇於實踐，敢於堅持，最後取得成功。

溝通祕笈

那麼，怎樣培養孩子自我激勵的習慣呢？

1. 找準時機激勵孩子

孩子潛在的能量是巨大的，只要得到鼓勵性的建議和點撥，他就有可能鼓足勇氣去做事。

2. 鼓勵孩子自己表揚自己

1968 年，在墨西哥奧運會馬拉松比賽中，出現了一個感人的場面：一位黑人選手在左膝蓋受傷的情況下，憑著堅強的意志力跑完了全程。當他到達終點時，比賽的名次早已排滿了記錄板。事實上，對他來說，他跑不跑到終點，都已經名次落後了。但是，他還是堅持跑完了全程。當他跑到終點的時候，一位記者問他：「是什麼力量讓你堅持一定要跑到終點的？」他回答：「我只是不斷告訴自己，我很棒！一定要跑完！」

這種自我鼓勵的精神讓他贏得了全場最熱烈的掌聲。

我們可以告訴孩子，我們是多麼為他們驕傲，但孩子們遲早要依靠自己內心的動力前進。有些孩子完全依賴於父母的讚許，連怎樣認可自己都不知道。幫助他們的一個簡單辦法就是：指出他們做得正確的事，然後提醒他們從內心承認自己。

比如，孩子在做了一件錯事後主動承認錯誤，這時，父母可以告訴他：「你這樣做需要非常大的勇氣，你應該對自己說：『雖然之前我做錯了，但是我做了一件正確的事，一件了不起的事。』」

第八節 「我是最棒的」——孩子自我激勵情商的培養技巧

告訴孩子,當他感覺疲倦、煩躁、懶惰的時候,就對自己說:「來吧,未來的愛因斯坦,只剩最後一道題了,我們一起把它做完吧,我知道你一定行!」告訴孩子,當他已經盡了自己的最大努力,不管最後的結果怎樣,他都應該在心裡讚賞自己:「哦,我知道你已經做了你應該做的,而且做得不錯。我知道你下次會做得更好。」

3. 給孩子製造自我激勵的機會

很多父母都以為孩子永遠是脆弱的,所以,當孩子遭遇困難的時候,首先無法忍受的往往就是大人。大多數時候都是父母感情用事,焦急地對著孩子問這問那,這樣不僅無法幫助孩子克服困難,相反,只能增加孩子的恐慌。

媽媽帶 11 歲的女孩周周(化名)去高空彈跳,周周出門的時候還「生氣勃勃」,信誓旦旦地說要鍛鍊一下自己。然而,當她站在跳臺上時,卻非常害怕。媽媽就安慰周周說:「別怕,有媽媽在呢,我會在你身邊。」結果周周死死地抓住媽媽的手不肯放,一副想哭的表情,就是不肯和工作人員合作。

這時,一位老大爺走過來對這位媽媽說:「請你先下去吧,離開你的孩子。」

經過女兒的同意後,媽媽忐忑不安地在下面等待著,沒過一會兒,周周竟然跳下來了,媽媽連忙大聲稱讚孩子:「女兒,你真棒!」

後來,老爺爺對這位媽媽說:「你知道我當時為什麼要你下去嗎?因為你守在孩子的身邊,她就會覺得有依靠,就會撒嬌、任性。我讓你離開你的孩子,是要促使她自己去面對挑戰。孩子沒有了依靠,自然就會丟掉幻想,用自己的意志和毅力去戰勝怯懦。」

是啊,孩子沒有獨立去面對挫折的機會,怎麼能學會自我激勵呢?所以,當孩子遭受了一些小的痛苦和挫折時,不要表現得過於關注,甚至可以選擇暫時離開他,讓他去面對問題,獨立去面對將來的困難和痛苦。只有這樣,孩子才能學會自我激勵,才能憑藉自己的毅力堅強地面對以後人生路上的苦難。

可以更好

對青春期的孩子而言，學會自我激勵會使他們有更好的表現，而良好的表現反過來又促進孩子自我激勵。「我今天的表現真不錯」將會演變成「我的表現總是不錯」，從而促進孩子不斷進步。

國一的明明被同學們推選為班長，父親拉著兒子的手說：「我兒子好樣兒的，真有出息！」

其實，這種誇讚毫無餘味，對孩子並無多大激勵作用。

如果這位父親在後面再補上一句：「明明，當了班長，你就應該用一個班長的標準來嚴格要求自己，在學習、生活和遵守紀律等各方面，都應造成好的帶頭作用。」

這句話既充滿了父母的信任和期望，同時又對孩子提出了更高的要求，能對孩子產生激勵作用，促使孩子努力進取，提高他的情商。

在生活中，父母要注意引導孩子進行積極的自我激勵，教孩子透過自我激勵來激發自己的潛能。

第九節 迅速培養孩子與人相處的社交情商

成長故事

李星（化名）是一所省屬重點中學國三的學生。馬上就要會考了，為了不讓含辛茹苦的父母失望，也為了不讓自己的夢想落空，他現在每天都埋頭做習題，專心致志地學習。

然而，就在李星專心學習的同時，他發現和他來往的同學越來越少了。當李星學習累了想邀請同學和他打一下羽毛球時，同學總是有意無意地拒絕他；當他想要加入同學們正在進行的體育活動時，也沒有幾個同學歡迎他。即使加入其中，同學們對他也不熱情。

同學們的疏遠，使李星感受到了一種前所未有的孤獨。他不明白，什麼時候自己開始沒有朋友了呢？

原來如此

每個孩子都有與他人接近、發展友誼的需要，這是一種基本的交往需要。擁有知心朋友會讓孩子有一種踏實的感覺，因為在與朋友的交往中，孩子的各項能力都會得到鍛鍊和發展。如果孩子的交往需要得不到滿足，或者他的交往權利被剝奪，那麼他就會失去安全感，產生抑鬱、冷漠、孤僻的情緒反應，從而影響生活和學習，這對孩子以後的身心發展都非常不利。

事實上，主動、積極的交往能幫助孩子獲得滿意的人際關係，並能促進孩子學習的積極性、主動性和創造性。孩子在學校裡與同學之間感情融洽、行動協調，不僅會提高孩子的學習效率，而且也會對孩子的心理發展產生積極的影響。

溝通祕笈

很多孩子在青春期的成長過程中難免會遇到交往中的挫折，會遇到各種阻礙和干擾。那麼，父母該怎樣幫助孩子面對這樣的挫折呢？

1. 培養孩子的交友品質

孩子只有擁有了好品質才能得到更多的朋友，比如一個孩子自私自利，在交友中可能就會遇到挫折。父母要從以下幾點著重培養孩子的交友品質。

(1) 要讓孩子具有平等意識，教育孩子尊重每一個人。有的孩子在跟同學相處的時候說：「我爸爸是局長，你們都得聽我的。」這樣高高在上的態度，別人自然就不會願意跟他相處。有的孩子作為班長，經常會跟同學說：「你們最好都聽我的話，要不然我去跟老師說你不好。」這樣的孩子同學不喜歡。孩子只有具備了平等對待他人的意識才能跟別人建立良好的關係。

(2) 教會孩子寬容、體諒別人。有的孩子能夠寬容別人，有的孩子卻總是有很多的理由去挑別人的毛病，對別人的要求非常苛刻。比如，有的孩子總會說，我們班這個同學不好，很討厭；我們班那個同學不好，看著就心煩，

這就是不寬容的表現。寬容是一種體諒，能處處體諒別人、替別人著想的人才能交到真正的朋友。所以，寬容是孩子交友的一個重要的品質。

(3) 教育孩子做人要講誠信。比如，承諾了別人的事情就一定要做到。一個說話總是不算數、慣於欺騙別人的孩子，肯定得不到大家的認同。

(4) 教會孩子學會付出。要隨時準備伸出援手去幫助朋友，去給別人帶來好處，這也是交往的一個前提。如果孩子只想從朋友那裡得到好處，對於朋友的要求卻置之不顧，就很難得到真正的朋友。

2. 引導孩子靠攏團隊

在培養、教育孩子的過程中，家長應有意識地鍛鍊孩子與人合作的能力，教育孩子遵從社交規則。

3. 鼓勵孩子積極與人交往

父母要鼓勵孩子積極和夥伴們、同學們進行交往，不要怕因此而影響孩子的學習。要知道，當孩子和同學們建立起良好的人際關係時，孩子的學習也許就會事半功倍了。在日常生活中，家長可以多問問孩子：「在學校裡，你跟誰最要好？」「能跟媽媽（爸爸）談談你的好朋友嗎？」還可以鼓勵孩子把朋友帶到家裡來玩。

可以更好

有一個日本朋友到中國經商，便把兒子也接到中國的一所學校讀書。

這個男孩在學校的情況卻不太好，很多同學罵他、不理他。男孩覺得受了欺負，特別委屈，回來就向爸爸倒苦水：「爸爸，我不想上學了，他們都不喜歡我，不願意和我一起玩！」

如果換成中國的父母，大多數人都會安慰孩子，並考慮給孩子換一個學習環境。但是這位父親聽了不但沒生氣，反而笑了笑，說：「你今天幫老師和同學做什麼事情了嗎？」

男孩搖頭。

這位父親說：「那這樣，你從明天開始，每天幫老師和同學做些事，回來以後告訴爸爸。」

孩子同意了。

半個月後，這位父親再沒聽到兒子回來訴苦。他問兒子現在在學校情況怎麼樣，兒子說很好，現在同學們都接受了他，他和老師、同學的關係搞得很好。

不得不佩服這位父親的主意。在以後的日子裡，他還一直教育兒子，要培養喜歡奉獻、熱愛集體的團隊精神，而不是一味挑對方的毛病。要反省自己，然後融入集體，這樣才能和同學們相處得越來越融洽。

其實，這位父親的表現與日本人從小就培養平等意識、接受團隊精神的教育是分不開的。比如，日本學校唱歌時都是大合唱，很少有獨唱；也沒有什麼尖子選拔制度；學校運動會也全是集體項目；學生考試不排名次等。這種教育的結果體現在社會上，就變成人們一種自覺和有序的行為。

第六章 父母助力，幫助孩子解決成長中的問題

第六章 父母助力，幫助孩子解決成長中的問題

處於青春期的孩子會出現各種各樣的心理矛盾和壓力。如果這些問題不能得到有效解決，孩子就有可能在情緒以及行為等方面出現問題，甚至還會出現較為嚴重的心理問題或行為偏差。所以，對於孩子在青春期亮起的「紅燈」，父母一定要警覺，好好引導孩子，帶他走出危險的禁區。

第一節 當孩子與老師發生衝突時

成長故事

11歲的小明走出他的房間時顯得既緊張又激動，「我的作業怎麼都寫不完了！」他叫道，「老師為了嚴厲懲罰我，讓我把『只有我不再捉弄別人，我才會學到東西』這句話寫100遍。我已經寫了10遍了，我再也寫不下去了。」

小明繼續吼道：「不就是上課的時候我說了句話讓老師生氣了嗎？她怎麼這麼對我？不行！我要做個真正的壞學生給她看。既然我不是個聰明的學生，那我就做個最笨的學生吧。我再也不做她安排的作業了……」

「你說我該怎麼辦呢，媽媽？」

原來如此

孩子從學校回來悶悶不樂或大發脾氣，大概就是被老師處罰或與老師起衝突了。

當老師與學生發生衝突的時候，父母應該怎麼辦？父母是應該站在老師這一邊，加強老師的權威，還是應該保護自己的孩子，為孩子遮擋現實的嚴酷呢？

老師與學生發生衝突，可能有兩個原因：一是孩子沒有按時完成學習任務，這種情況最普遍。可能是孩子懶惰，也可能是孩子忘了。老師不問清原因就加以處罰，孩子覺得委屈，就生老師的氣了。另一個原因是孩子犯了錯或不守規矩等，都會受到處罰。經常被老師處罰的孩子，通常都不喜歡老師，常找機會給老師製造麻煩，於是師生之間的爭執就多了起來。

父母遇到這種情況，一定要小心處理。一旦處理不當，孩子與老師會變成敵人，孩子不再喜歡上學，因為不願見到老師；老師也不願意指導這個孩子，因為覺得他已經無可救藥，最終受傷害的還是孩子。

溝通祕笈

面對小明這樣的問題，父母不能站在老師或孩子中選邊站，而應處於客觀的立場，幫助孩子去面對這個問題。

1. 穩定孩子的情緒，耐心開導

首先，家長必須以平靜溫和的態度安慰孩子，讓他的情緒先得到安撫而穩定下來，知道爸爸媽媽是瞭解他的感受的。先使孩子精神上得到支持，再要求他把事情和盤托出。瞭解整件事情後，找出問題的癥結，再和孩子一起討論分析。

如果錯在孩子，就幫助他接受自己的錯誤，勇於認錯；如果是老師處理不當，應讓孩子明白老師要照顧那麼多學生，處理許多事情，不可能每件事情都準確跟進，所以有時難免會產生誤解，讓孩子學習如何去體諒別人的處境。再就是協助孩子面對他自己的問題，如被老師罰抄寫等，讓他感到你的支持和鼓勵。

2. 和孩子一起找原因，想辦法解決所存在的問題

一般來說，老師對學生的教育都是比較理性的。但每天面對繁忙的教務工作、不懂事的學生、身體以及情緒的變化，可能有些教育方式不恰當，甚至是錯誤的。這是當前教育界普遍存在的問題，不是哪位校長、老師、家長和孩子能改變的問題。

既然這樣，就要面對客觀現實來改變自己。而且，孩子自身是存在很多不足和缺點的。老師「愛之深才恨之切」，才會有過激的教育行為，所以，幫助孩子改掉不良習慣和缺點才是解決問題的關鍵。

3. 和老師交換意見

父母要在這個時候和老師多加聯絡，交換意見。首先要對孩子給老師帶來的麻煩表示歉意，然後要多聽取老師的建議和意見。因為在學校裡孩子的所作所為老師是最有發言權的，讓老師也有一個解釋的機會。

4. 鼓勵孩子大膽說出第一句話

要增進孩子和老師的關係，必須讓他們有更多的交流機會。父母可以鼓勵孩子大膽向老師請教，大膽說出自己的想法。同時應該告訴孩子，在和老師溝通時要注意溝通的技巧，把握好分寸，選擇好講話時機。

可以更好

家長和老師的交集是孩子，孩子是溝通中最重要的主角。孩子一整天在學校生活的感受，回到家也就轉化為家長獲得與學校和老師相關訊息的主要來源。所以，家長和老師雙方的交往互動是絕對需要智慧和技巧的。

第一，家長和老師交流時要抓住重點。與老師交流要先約好時間地點，確定談話的主題，最好一次就一個突出的問題與老師探討。

第二，家長不要一味護短。老師給家長指出孩子的缺點，總是有一定根據的。家長如果認真聽下去，可能有助於孩子改正錯誤，大可不必因為怕老師對孩子印象不好而去袒護孩子。

第二節 正確引導陷入早戀的孩子

成長故事

作為一個國中女學生的母親，我感到特別無助。我的女兒國中快畢業了，可是這段時間就是進入不了學習狀態。老師反映她上課注意力不集中，神情

有點恍惚。我經過仔細觀察和瞭解，發現女兒竟出現了早戀現象，現在正處於失戀狀態。作為一個母親，我感到無比的心痛和憂慮。我從側面耐心地給她講解了早戀的危害和中學生學習的重要性，可我看得出來，道理她都特別明白，但做起來比較困難。馬上考試了，時間不等人啊，我真是焦急萬分。我該怎樣才能讓女兒盡快地走出來，全身心地投入學習中去呢？

原來如此

像上面案例中這樣焦急的家長不在少數。以下現象如果開始出現，家長就要特別留神了。你的孩子不一定在談戀愛，但可能有了早戀的傾向。比如：

孩子突然變得很愛打扮，在鏡子前左顧右盼，還時常要求父母買一些時髦的衣服；

放學不按時回家，學習成績也有所下降，問其原因，總是支支吾吾迴避話題；

回家後或週末寫作業時心不在焉，不停地看手機或者找理由出門；

活潑好動的孩子變得沉默了，回家後喜歡一個人躲在房間裡，無緣無故與家人生疏起來；

說一些父母一眼就能看穿的謊言；

情緒起伏大，有時興奮，有時憂鬱，有時煩躁不安；

家裡常有異性打來電話，還經常有一些來路不明的小禮物；

無意間談起公園、音樂茶座等娛樂場所；

對電影電視中的愛情鏡頭特別關注；

……

溝通祕笈

對於青春期的孩子與異性交往過密的行為，家長不要一棍子打死。如果輕易給孩子扣上「早戀」的帽子，反而會提醒純真的孩子，從而「弄假成真」。家長應該理性地加以引導，使其對異性的好感發展成真誠的友誼。

1. 早戀的孩子需要父母足夠的愛

一個孩子在青春期早戀了，往往不是缺少戀愛，而是缺少愛。一個人在現實生活中得到的愛、關心和關注不足，成就感不足，就會從其他的地方尋求。早戀的孩子多出現在問題家庭。所以，家長們碰到孩子早戀，採用「棍棒」政策不如反省自我。

2. 巧妙引導，化解孩子的一時衝動

家長要能夠和孩子進行朋友式的平等交流，孩子才會信任父母，才會願意把自己內心的祕密告訴父母。要理解、啟發、規勸和引導孩子，要使孩子信服。

3. 講究方法，淡化孩子對戀愛的神祕感

在處理早戀的問題上，家長要講究方法，尤其是講究語言藝術。首先要和孩子做朋友，才能獲知孩子的小祕密；其次，家長要避免孩子早戀問題的出現，最佳方法既不是過激地阻止，也不是視而不見，而是讓孩子把他的心事說出來，而後設法去淡化。家長把這種問題正常化、淡化是避免孩子早戀的藝術，同時也在暗示孩子更好的未來在等待他。要提前知道孩子什麼時候會出現什麼狀況，做好準備，「掌控」住孩子是關鍵。

可以更好

「媽媽，你看，有男孩子寫信說喜歡我。」

「有幾個呀？」

「兩個。」

「兩個啊？那你比我差遠了。媽媽像你這麼大的時候有四五個男孩子給我遞紙條了。」

「真的嗎？」

「是啊，這種事是常事嘛。你長得這麼好看，和媽媽年輕時一樣有魅力，怎麼會沒有男孩子喜歡呢？還有啊，我告訴你，別把這些當回事，將來到了大學，紙條會更多呢。」

第三節 孩子為什麼突然間學 "壞" 了

成長故事

童童（化名）今年剛上國中，他與班上的幾位同學經常約著出去玩。

一天，童童他們騎著自行車來到一條僻靜的街道，其中的一位同伴說：「哥們兒，咱們比比看，看誰砸這些路燈砸得準。」這一建議立即得到其他幾位同伴的響應。他們紛紛去撿石頭，投向路燈。

童童覺得這種做法不好，就猶豫起來。同伴們在一旁煽風點火：「哎，你膽子也太小了吧。你看，我們都投了，挺好玩的。」

童童怕拒絕了同伴會被他們瞧不起，猶豫了一番，還是撿起了地上的石頭……

回家後，童童和爸爸說起了這件事。爸爸聽後說：「雖然你這件事做得不對，但你主動跟我說，這非常好。我知道你當時心裡肯定是很矛盾的，但不管怎樣，今後不能再幹這樣的事。」

「那我不能說不跟他們一起玩了，以後再遇到這樣的事，我該怎麼辦呢？」

「幹什麼事之前應該想清楚是好事還是壞事，能不能幹。如果不好，你要學會拒絕，當然也可以採取比較有策略的方法，比如可以說『不好，有人看見我們了』或者『這一點都不好玩，我不喜歡』等來拒絕。」

原來如此

孩子也有從眾心理。這種心理在青春期的孩子身上尤其明顯。他們往往會為服從同伴的要求而改變自己，如留有個性的髮型、穿某種牌子的衣服和鞋子、戴某種類型的配飾等。其實這些表現或要求都不算過分，家長還是能接受的。但是，如果孩子跟著同伴一起「學壞」的話，麻煩可就來了。

家長可以想一想，你的孩子是不是也有迫於同伴壓力而做錯事的經歷呢？

怎樣讓孩子擺脫這種壓力，保持獨立思考的能力是家長在引導孩子健康成長過程中要努力實現的。

溝通祕笈

1. 家長要認真地開導孩子

首先最重要的一步，就是教給孩子有關同伴壓力的知識。不過在談論這個問題時，不要高聲喝斥，以免讓孩子產生反抗情緒。要說出讓孩子信服的理由，比如：「跟同伴在一起，很容易受到他們的影響。特別是他們每個人都同意做一件錯事，而你要做一件你認為正確的事是很難的，這需要勇氣和決心。」同時教會孩子：「如果你的朋友讓你做不該做的事時，直接告訴他們『我不想做』『我對這件事情沒有興趣』，然後要立即走開。」

2. 鼓勵孩子獨立地思考問題

家長應告訴孩子，當朋友強迫你幹什麼事時，你首先要問問自己這樣做好不好，然後再想想做了這件事後你會成為怎樣的人。

3. 家長的態度要溫和

如果家長能夠溫和地和孩子講道理，儘量說服孩子，再加上青春期的孩子也有一定的自制力，相信他們會慢慢擺脫從眾心理，具備獨立思考的能力。

4. 不要溺愛孩子

溺愛孩子，花錢大手大腳的父母在養育孩子的同時也就把「只問收穫，不問耕耘」的種子深埋在了孩子的心間；相反，勤儉持家，只滿足孩子合理需求的父母在日常生活中也就教會了孩子怎樣節制自己的慾望，有計劃地安排自己的生活。

父母在孩子的早期習性成長過程中起主導作用，所以家長必須把孩子的教育從自發提高到自覺的高度。透過父母與子女之間的天然親情關係，於潛移默化中把父母所認同的社會道德規範和行為習慣傳遞給孩子。並且，由於父母的知識面較之青少年來說更廣，社會經驗更豐富，對孩子的學習和成長也有直接的指導作用。

可以更好

如果父母的教育方式出現了問題，很可能會產生不良後果。下面這些話，請不要對孩子說。

(1)「我不喜歡你的那些朋友，瞧他們一個個的怪樣，不倫不類的。」僅從外貌上來判斷人，孩子就會不尊重你。可以讓孩子帶著朋友來玩，和他們認識。透過他們的言行，你可以更客觀地判斷他們。

(2)「為什麼別人做什麼，你也做什麼呢？」你的意思是要讓孩子明白自己應該成為有獨立思考能力的人，而不是讓他疏遠朋友。所以應該用理解的語氣表達：「他們做什麼，你也做什麼，看來這些朋友對你很重要……」這樣說話的方式，可以為更深入的交流打開門戶。

(3)「難道你自己沒有腦子嗎？」這種說法顯得尖酸刻薄。你實際上是想說：果你按自己的想法去做，你就是有主見；如果「如你什麼都照著你朋友的說法去做，你就是沒有腦子。」你表達的觀點是對的，但是表達的方法是不合適的。

第四節 巧妙地和孩子談性說愛

成長故事

我是個 16 歲的國中生，最近被一種難以啟齒的念頭擾得坐臥不寧，幾乎無法學習。上個星期在上學路上我看到一個漂亮的女孩，心裡突然產生一種強烈的衝動，感覺特別高興，人騎在單車上都輕飄飄的。這之後更多次出現這種情況。對此我非常擔心，我怕控制不住自己走上犯罪的道路，便千方百計想抑制這種念頭出現。可是，越是這樣，念頭反而出現得越多，以致我現在都不敢看女生。

說實話，我並不是那種道德品質不好的人，平時從沒想過這些事，甚至見了女同學都會臉紅。可現在不知是為什麼，在莫名其妙的想法中似乎覺得自己變成了一個流氓，這真是太冤枉了，卻又毫無辦法。

原來如此

以上煩惱很多青春期的孩子都有過，這些都是性帶來的。而我們做父母的都是怎樣看待孩子的性覺醒呢？

大部分的父母一方面自己不好意思開口對孩子進行性教育，同時又希望孩子能透過正當的渠道獲得這方面的知識，所以他們將希望寄託到了學校教育上。

實際上，家長們對學校教育寄予希望的同時，學校方面開展的此類教育卻同樣顯得蒼白無力。大部分學校幾乎都沒有設置青春期性教育方面的專業課程，多數教師對於學生在性知識方面的渴望也是抱著談性色變的態度。

父母希望孩子長大後具有健康的性觀念和性行為，但不要只寄希望於「要是有個這方面的好老師就好了」。這些家長沒有意識到，自己就是孩子第一任且是最好的性教育老師。

溝通祕笈

1. 拓寬渠道，讓孩子有一個吸取性知識的空間

當孩子詢問你的時候，你提供的答案簡單易懂就行，不必長篇大論向他講述「生命的來源」，因為孩子對綜合性的知識講座沒有興趣。如果你對這種簡單回答也有點束手無策的話，現在書店裡有很多適合不同年齡段孩子性教育的書籍和家教雜誌，建議你購買一本送給孩子，其中那些能幫助他理解生命現象及男女性別差異等問題的插圖也可以給他看。這樣，當孩子再問起這類問題時，你會感到自在得多。

2. 善於回答孩子提出的性問題

不要對孩子特有的好奇心橫加指責，應透過循循善誘來抹掉孩子心理上對性問題的神祕色彩，使之能正確對待性的問題。當孩子的性知識還是一張白紙的時候，第一次塗上的顏色是最重要的。如果父母不能給予孩子科學的性知識，那麼他們就可能會透過某些渠道或是透過同伴交流來獲取不科學的性知識。而這些不健康的知識有可能對孩子的性觀念帶來誤導。

3. 拉一把正在走入歧途的孩子

如果你發現自己的孩子正在慢慢走入「沼澤」，但是除了喝斥和打罵之外，你又無能為力，怎麼辦？

下面是一位媽媽寫給正在「變壞」的青春期女兒的信，希望身為父母的您能有所啟發。

親愛的孩子：

你好！

孩子，自從你上了高中，你和父母之間好像越來越疏遠了。週末回家，你經常躲在房間裡，還在門口掛了個「請勿打擾」的紙牌。為這事兒，我和你爸也傷心過一陣子，覺得女兒長大了，就跟父母不貼心了。我們清楚地記得你讀國中時還很孩子氣地摟著我的脖子撒嬌，怎麼一轉眼到了高中，變化就這麼大了呢？

你對父母關心得越來越少,對自己的服飾和化妝品卻關注得越來越多。我們就忍不住猜想,你是不是戀愛了?於是受你爸爸的委託,我約你到一間叫「FOREVER」的酒吧。

聽到我說「FOREVER」時,你吃驚地瞪大了眼睛,像不認識似的看著我。我拍拍你的肩說:「女兒,你媽媽不像你想像的那麼老土。」

在酒吧的角落,確信我們的談話鄰桌的人聽不到時,你把頭向我這邊探了過來,問:「媽媽,我愛上了一個男人,他比我大5歲,但是他現在有女朋友,我想把他搶過來。我想,為了得到他,從今以後我要做一些調整了,我……」

你咬住下唇,不安地搓著雙手,見我鼓勵你說下去,你放鬆了自己,說:「我想他知道我的心事後,可能會要求跟我同居。媽媽你會支持我,對嗎?」

我的頭「轟」的一聲炸開了,我的女兒是那麼溫柔嫻靜,怎麼能說出這樣的話?你輕咳一聲,坐直身子。從你躲閃的目光,我看出你還有想問而又不敢問的問題。你說:「媽媽,你婚前有過性經驗嗎?」調整了片刻,我肯定地搖搖頭。然後沒有等你開口,我就說了下面這些話:「你現在還太小,思想單純。如果你試圖用身體去吸引你所愛的人,如果那人不愛你,如果不幸他又恰巧是個好色之徒,那你等於是給了他一個占有你然後輕視你的機會;如果有幸他是個正人君子,那麼你的大膽會讓他誤以為你是個輕薄之人,他會對你退避三舍。」

我曾經參加過一個討論會,會上的男性專家們都說女性應該從貞操問題中解脫出來。當時有位女性朋友問發表高論的那位專家:「假如您發現您的妻子在結婚之前和別的異性發生過關係,您……」

那位專家不等人家說完,就連忙擺手,說:「現在是學術討論,不是個案。」轉向大家,他尷尬地笑著說:「當然了,誰都不希望這事兒發生在自己身上。」此君真是一語中的。

女兒,聽媽媽說了這麼多,不知你有何感想。你也許會說:「如果兩個人真的相愛,性也就不成問題了。」那麼,我就要以一個過來人的身分告訴

你：「如果一個男人真的愛你，他真的想娶你，他肯定會尊重你、愛護你的。因為愛的最高境界不是占有，而是尊重和愛護。」

所以，我的女兒，你應該明白，性不應該成為保衛愛情的犧牲品，而應該是愛情的果實和結晶。

這位媽媽是睿智而又偉大的。在孩子深陷感情泥沼時，她沒有像大多數的家長那樣喝斥孩子、迴避話題，而是用最完美的分析來開導孩子，帶她走出困惑和危險禁區，這才是真正的「以柔克剛」。

可以更好

讀高一的小敏戀愛了，媽媽擔心女兒會出意外，想對孩子進行性教育。無奈的是，由於平時母女間缺乏溝通，女兒完全拒絕接受媽媽的說教。

一天，媽媽在網上看到一個青春論壇，就與女兒一起觀看專家講解的性教育視頻。在看視頻時，媽媽發現，女兒這次沒有跟她較勁，而是靜靜地、認真地觀看視頻中的講解。見女兒對這種教育方式沒有產生反感，媽媽又針對性地挑了幾個短片與女兒一起觀看。在這個過程中，女兒的牴觸情緒慢慢少了，媽媽也累積了知識，和女兒交流的話題自然也多了起來。

現在各種傳媒非常發達，對青少年進行性教育的電影、電視、光碟有很多，父母可以與孩子一同觀看這些影片。在觀看中可以透過討論、講解向孩子傳授性知識和解答一些常識性的問題，把健康的性觀念、性知識在不知不覺中傳授給孩子。

除了一般的性知識教育，家長還要對孩子的身體發育仔細地觀察，並給予具體的指導。

▎第五節 營造一個讓孩子離不開的家

成長故事

「這次期末考試沒考好，你們老是責怪我。我現在走了，出去散散心，你們不要來找我，我自己會回來的……」

第五節 營造一個讓孩子離不開的家

這是一位離家出走的孩子給家裡留下的一封信。已經超過一星期了，這名 14 歲的女孩子還是沒有任何消息。隨著時間一天天過去，母親李女士都快要急瘋了。

小雲（化名）是一名國二的學生。「女兒是個好孩子，聰明但又很倔強。」望著女兒收拾得整整齊齊的小房間，李女士憂傷地說。在小雲的房間擺放著一摞獎狀，還有好幾個獎盃：三好學生、舞蹈比賽二等獎、乒乓球比賽亞軍……這些都是孩子上學以來獲得的榮譽。「國二下學期，女兒開始發生變化，逐漸喜歡打扮，有什麼心事也不大願意和我們說。」

在小雲出走的前幾日，她還給父母寫了一封長信。信中說：「物質上的滿足是遠遠不夠的，你們越愛管我這管我那，我就越做你們不喜歡的事情。」信中表達了她對父母嚴厲管教方式的強烈不滿。

李女士很困惑，這難道就是愛所換來的結果嗎？

原來如此

當孩子到了青春期後，總和父母對著幹，一些孩子還表現出不服從家長管教、與家長為敵甚至離家出走的行為。對於天底下做父母的來說，最棘手的事情之一就是遇到孩子離家出走。孩子出走的原因也許單一，也許複雜，但有一個共同點，就是孩子面臨著巨大的心理壓力，無法解脫，於是一走了之。

那麼，下面我們就來看一看，什麼樣的孩子容易離家出走呢？

性格內向、不愛交際、自尊心強、學習有壓力、成績不理想並且常常憂慮的；成績明顯落後、不愛學習、對金錢有濃厚興趣的；不守紀律、非常任性、對學校和家庭缺少感情的；已有經常逃學行為的；對父母的管教牴觸情緒很大，經常頂嘴和反抗的。

那麼，造成這一現象的根源在哪裡？父母就不能和處於青春期的子女和諧相處嗎？要回答這個問題，關鍵是需要父母推開子女的這扇心門，解開逆反的青春期孩子們的心結。

青春期孩子離家出走的原因是複雜的,從社會心理因素分析,最主要的原因是與父母的矛盾和家庭問題。

有的孩子因為父母罵了自己或是打了自己,一賭氣就想索性離開這個家算了;還有的孩子因為父母對自己的期望值過高或是父母對自己的干涉過多而想離家出走。不僅是這些,因為父母離婚而感到很傷心的時候,父母不關心自己而感到懊惱的時候,孩子都可能想到要離家出走。青春期孩子離家出走的原因有如下幾點。

第一,人格異常與逆反心理所致。人格異常的學生會對周圍的人抱有敵意和戒備心理,與學校裡的人或家庭成員鬧矛盾而突然出走。

第二,學生感到學習負擔過重,產生厭學情緒,某種逆反心理也會形成,有些學生便以逃學或出走的形式表現出來。

第三,人際關係緊張。出走的青春期孩子大多因父母望子成龍心切、師生關係緊張或是與同學相處不融洽,造成心理上的壓抑,導致孩子棄學離家出走。

第四,角色觀念變異與拜金心理。學生透過各種訊息渠道接受了大量訊息後,一部分人會對讀書失去興趣,轉而熱衷於讀書學習以外的東西,比如早戀或沉迷於上網。

溝通祕笈

那麼,父母該如何避免孩子做出離家出走這一舉動呢?

1. 不該出現的語言暴力

大部分父母常常用一些話來恐嚇、威脅孩子,因為他們覺得孩子對家庭是有依賴性的,離開了家他們不可能做出什麼事來。於是當孩子做了什麼讓自己不滿意的事時,家長就會用像「滾吧,想去哪裡就去哪裡」這樣的話來發洩自己的情緒。有些孩子可能會被嚇著,但有的孩子會覺得那是一種侮辱或拋棄,所以他們常常會選擇離家出走,以示反抗。

類似的語言暴力還有:

從「現在開始，我不會再管你了！」

「你最好在我眼前消失！」

「再這樣不聽話，我不要你了！」

「我再也不管你了，隨你便好了！」

「你給我滾！」

「有本事就別回來。」

……

父母應該多與孩子溝通，無論孩子做錯了什麼事都不應該諷刺、打罵、挖苦、貶低。心理學家指出：精神上受虐待的孩子在成長過程中所遭受的心理傷害可能比身體受虐待的孩子更深。不良的語言只能使孩子厭惡、恐懼及憤怒，甚至還會引起其他更惡劣的後果。

2. 有效預防家庭語言暴力的出現

第一，家長應該把自己放到和孩子平等的地位。如果語言過激，孩子要麼產生逆反心理，要麼心靈不堪重負，變得鬱鬱寡歡。

第二，當家長怒火中燒的時候，應該先冷靜一下，你會發現孩子並非一無是處，再和孩子交談時就會避免使用過激的語言。而事實上，孩子也有他的是非觀，過多地揪住過錯不放，很容易引起孩子的反感。

第三，俗話說「良言一句三冬暖」，對於孩子來說尤其如此。多表揚、多鼓勵，孩子就會一點點地進步。

第四，對孩子的期望值不要過高。天才畢竟是少數，大多數孩子都很普通，多一點平常心，可能就少一點失望。

3. 溝通得當，孩子就不會有祕密

細數一下現在青春期孩子和父母之間的對話，大家很容易就會想到下面這些出自父母口中的話。

「都幾點了，還在玩電腦！你明天到底還上不上學了！」

「什麼？電動車？家裡哪兒有那麼多錢？你的自行車不是騎得好好的嗎？」

「你數學為什麼才考那麼一點點？語文怎麼學都學不好，你上課是不是不認真啊？」

「從下個月開始，零用錢減半！像你這麼花錢，誰養得起你！」

用這些質問和居高臨下的口吻來訓斥他們，對青春期的孩子來說，後果只會是一個字：煩！當這些煩惱越積越多時，孩子就會反抗父母，厭惡家庭，從而想方設法逃離。

所以，對青春期敏感的孩子，父母一定要掌握主動權。因為很多孩子有了心事都不會主動告訴父母，只會去和同齡人訴說。那麼，青春期孩子的父母應在與孩子的相處中獲得主動權，把孩子離家出走的小火苗熄滅掉。

可以更好

聰明的家長應該注意這麼做：

在平時，你可以隨時和孩子交流，不過千萬要注意一點：不要把孩子的學習成績當成最主要的話題。這很容易引起孩子的反感。

可以在閒聊的時候，問問學校最近都發生了什麼事，有沒有什麼心事，有沒有需要父母為他解決的麻煩，然後再施以對策。最重要的是，可以主動問孩子，自己作為父母，有沒有做得不夠好的地方，讓孩子敞開心扉來告訴你。有時候孩子的答案會大大出乎你的意料。接收到了這些訊息，你才能更好地實施對策，化解孩子和父母之間的誤解和矛盾。

如果你的孩子不善於表達，平時可能接收不到關於他的訊息，那就學著給孩子發簡訊或者在週末的時候和孩子一起上網，用 LINE 聊天來交流，有時候文字的魅力比談話來得更有效。透過交流你會發現孩子內心深處的東西，而面對面地聊天是完全達不到這個效果的。你也可以試圖用朋友的身分問孩子：

「最近和同學的相處還好嗎？」

「有沒有什麼需要的？媽媽給你買。」

在聊天的過程中要儘量加入孩子的談話，也可以偶爾調侃調侃，讓孩子感覺和你是一條「戰線」上的，比如：

「最近看你好像不開心，是不是媽媽又惹你生氣了？」

「別說電動車，等媽媽掙夠了錢，以後給你買輛跑車！不過現在家裡經濟還是很緊張，兒子你還是先騎自行車吧！」

這裡面最重要的一點就是，在拒絕孩子要求和指出孩子錯誤的時候，語氣要堅決，也要有可以讓孩子信服的理由，學會觀察孩子的情緒。

這樣就完全釋放了孩子的壓抑，孩子會感覺父母是自己的好朋友，也就願意隨時和父母在一起。這樣，孩子有了什麼心事都會第一時間來告訴你，而且在對父母不滿的時候，也會主動溝通和交流。如果所有青春期孩子的父母都能這樣做，孩子的心靈一定會保持清澈如水，不會再有反抗情緒。

家庭是孩子避風的港灣，如果你讓孩子覺得避風的港灣都不存在了，那家庭還有家的感覺嗎？永遠不要企圖用「不管你」「不要你」等恐嚇孩子的話語表現家長的權威，也不要用孩子的依賴心理來逼迫他們，孩子需要一個理解他們、充滿關心和愛護的家。

多些溫情、少些壓迫，是親子溝通的甜美花蜜。唯有互動融洽的親子關係，才是孩子愛家、戀家的源泉，在這個家裡才不會有想奪門而出的孩子。

第六節 引導孩子離開電腦遊戲

成長故事

小黎（化名）上了國中以後，課程裡就多了一門電腦課。爸爸為了小黎學習起來方便，就給小黎買了一臺電腦。接下來的幾個月，小黎的電腦水平迅速得到提高。後來，小黎又纏著爸媽要求裝寬頻上網，爸媽考慮了一下也同意了。

可是，小黎的爸爸媽媽萬萬沒有想到，他們的這一決定導致了一場噩夢的開始。

自從家裡裝了寬頻以後，小黎從放學回家那一刻起就把自己關在房間裡上網，父母要催幾次才肯出來吃飯，匆匆吃完又跑回去上網。爸爸問他作業做完了沒有，小黎總是說在學校就做完了，問他老上網幹什麼，他說上網找資料，這是老師安排的作業，爸爸就打消了顧慮。

有一次爸爸半夜起來喝水，驚訝地發現小黎的房間裡還開著燈。他悄悄地透過門縫一看，天啊，小黎正在玩電子遊戲，爸爸再看看時間——4：14。爸爸衝進小黎的房間，結結實實地打了小黎一頓，然後爸爸強行斷網，小黎再也上不了網了。

接下來的幾天，小黎好像有所好轉，老實了很多。但是臉色越來越難看，老是打呵欠，一副沒有精神的樣子。老師打來的電話更是讓父母吃驚，「小黎這兩天沒有來上課，而且最近他成績退步了很多」。

小黎到底去了哪裡呢？在老師和父母的強大壓力下，小黎終於說出了實情。他從國二就迷上了上網打遊戲，開始的時候也就是空閒的時候玩一玩，沒想到越陷越深，最後發展到通宵達旦地玩，直到那回大意被爸爸發現了。家裡不能上網，小黎就想到了外面的網咖。於是放學後和週末，小黎就開始泡在網咖裡玩遊戲，最後甚至逃學，所以他總是沒有精神，上課也想著遊戲裡的事，成績自然也就越來越差了。

小黎說覺得自己離不開網路，離不開電腦，一從網上退出他就沒有精神，只有在打遊戲的時候，他才覺得有力氣。

原來如此

孩子沉迷於網路，父母採用的方法一般比較強硬，比如訓斥、斷掉網線、砸掉電腦等。處於叛逆期的青少年，父母越強硬，他們越叛逆，反正外面有那麼多網咖。但是，一旦把孩子推向了網咖，就更加難以教育和管理了。

第六節 引導孩子離開電腦遊戲

一個孩子如果在家裡得不到父母的認可,在學校裡也得不到老師的肯定,他們就可能完全喪失自信。現實讓他們感到無比鬱悶與痛苦,在無力改變的情況下,他們就會選擇逃避,不願意面對現實,然後一頭栽進虛擬世界,這或許就是他們暫時忘卻苦悶的首選方式吧!

溝通祕笈

下面是「網癮少年」的家長介紹的一些日常生活中很實用的妙招。

1. 發現孩子的興趣愛好

要幫助孩子從沉迷網路中走出來,採取粗暴的辦法不僅收不到預期的效果,搞不好還會讓孩子走向反面。發現、培養孩子更多的興趣愛好,豐富孩子的課餘生活,是幫助孩子戒除網癮的行之有效的措施之一。

2. 給孩子來一個「協議」

東東家裡準備購置一臺電腦,週末時一家人聚在一起商量新電腦的使用規劃。在這場「家庭會議」上,一家人七嘴八舌,不一會兒,一份《家庭電腦使用規則》就制訂出來了。

使用電腦要以學習為主、娛樂為輔;

電腦放在客廳,沒有特殊情況不得移位;

平時每天使用電腦不得超過 1 小時,週休二日、節假日、寒暑假每天不得超過 2 小時;

不論是網上下載的遊戲還是買來的遊戲軟件,都要經過爸爸審查;

儘量瀏覽一些有關青少年的網站;

不把有關家庭的訊息暴露給網上的陌生人;

在網上遇到他人騷擾等麻煩事時立刻與爸爸商量,如果爸爸不在家,就立即關閉電腦;

如果使用者違反上述規則，視情節輕重，處以減少使用電腦時間或在一段時間裡停止使用電腦的處罰。

3. 管孩子時，先管好你自己

在美國，有網癮的人群主要是老人和家庭婦女。而在中國，玩網路遊戲的 90% 左右都是未成年人，而且很大一部分孩子都是在父母玩「大老二」的影響下開始迷上網遊的。

所以，父母一定要以身作則，最好不要把電腦放在孩子隨意就能看到的地方，也儘量不要當著孩子的面玩遊戲、聊天等，這些都會潛移默化地影響孩子。而且當你限制孩子玩電腦的時候，他就會反駁：「你不是也經常玩嗎？為什麼不讓我玩？」

4. 溫情煽動

幫孩子戒網，要先做他的朋友，千萬不要強迫孩子，有話要好好說。家長們應該放下架子和孩子聊天、做朋友，甚至可以聊網路遊戲，讓孩子在心靈上和父母有種親近感。孩子放學回家後父母可以先問問孩子肚子餓不餓，或者今天有沒有什麼好玩的事，讓孩子有一個輕鬆、溫暖的生活環境。最重要的是一定要注重培養孩子的其他興趣，閒暇的時候可以陪孩子玩玩益智遊戲，比如一起下象棋，帶他出去遊玩等。這樣，孩子上網成癮的概率將會大大減少。

可以更好

文文（化名）在上國中時也曾迷戀網路，影響了正常的學習和生活。為此，媽媽傷透了腦筋，打、罵、限制零花錢等策略都用過了，但是收效甚微。後來，媽媽想到兒子以前很喜歡畫畫，便試圖把孩子的興趣愛好重新轉移到畫畫上。在媽媽做了開導後，文文同意在暑假期間到美術培訓班繼續學習畫畫。剛開始，文文確實有些坐不住，但畢竟畫畫是他的愛好，幾經掙扎也就堅持下來了。

經過一個多月的培訓，文文的畫畫水平大有提高，畫作和畫技受到老師和親友的一致稱讚和肯定。這些成就讓文文大感自豪。暑假結束後，文文不僅培養了畫畫的興趣，更讓人感到高興的是，他也逐漸從沉迷網路中走了出來。

第七節 抽菸喝酒，都是好奇惹的禍

成長故事

上高三了，壓力越來越大，小劉有時候覺得自己真的快要承受不了了。他經常一個人跑到車流不息的大橋上，看著滔滔的江水大聲吼叫，以發泄心中的煩悶。

這天，小劉又在那裡大聲吼叫，不遠處走來了幾個同學，其中一個跟小劉比較熟的男孩子遞來一支菸看著他說：「要不要來一根？」

小劉看了看他說：「我不會。」

對方輕蔑地笑了：「不是吧，你居然連抽菸都不會，太遜了吧你！」

小劉臉有點紅：「我媽不讓我抽菸，抽菸對身體不好。」

「哈哈哈……你是三歲小孩啊，媽媽說什麼你就聽什麼。」男孩大笑之後說：「菸真的是個好東西，學習累的時候來一根，立馬精神百倍。有時候一個問題怎麼也想不出來，抽上一根，嘿，過不了一會兒就想出來了。」

男孩神乎其神的話，讓小劉也心動了。

見小劉心動的樣子，同學馬上掏出一根菸遞給他：「怎麼樣，來一根？」

小劉接過來，學著他們的樣子放在嘴裡，同學幫他點燃了。

「咳，咳……」小劉突然一陣咳嗽，眼淚都咳出來了。

旁邊又是一陣大笑。

「沒事，剛開始都這樣，我教你抽。」旁邊的同學安慰道。

別說，好像還真的舒緩了很多，小劉似乎感覺胸中的鬱悶之氣果真少了。

從那以後，小劉就經常在做作業感到疲憊的時候抽根菸。一段時間下來，小劉就開始習慣性抽菸了。

原來如此

家長都必須知道：吸菸的孩子不一定犯罪，但是犯罪的孩子幾乎都吸菸。一群青少年三五成群地在一起吸菸、喝酒，並以此為樂，來對抗家庭、學校、社會的正面教育，已經形成一種新型的「反教育」現象。

有關機構開展了一項未成年人買菸酒的調查，結果不容樂觀：在調查的16個小時之內，有386名未成年人成了菸酒售賣點的顧客。

致使孩子過早接觸這些身體「毒品」的原因主要有以下三點。

一是孩子小時候特別喜歡模仿成年人。這在一定程度上使孩子認為「吸菸喝酒是走向成年的標誌」，因此便模仿成人吸菸。

二是認為菸酒是結交朋友的一種便捷的方式。尤其是那些性格外向、喜歡結交朋友的孩子，他們尤其看重菸酒的這種功效。

三是許多孩子篤信飯「後一支菸，快活似神仙」「不抽菸，不喝酒，死了不如一條狗」這些庸俗的社會流言。一些女生還認為男生抽菸的姿勢很酷，有魅力。就是為了趕這種時髦，很多孩子就開始嘗試接觸香菸。

綜合來看，效仿心理、同伴壓力、追求時髦的原因最為突出，特別是同伴壓力對孩子影響很大。就拿男孩子來說，如果朋友給你遞菸，你不抽，會被對方恥笑為不是男子漢。

溝通祕笈

當父母發現自己的孩子抽菸、喝酒，大部分人會聲色俱厲地教訓孩子：「你想找死？你難道不知道所有的電視、廣播、書刊上都說抽菸有害健康嗎？」或者說：「你想像酒鬼一樣醉死在路邊才甘心嗎？」

第七節 抽菸喝酒，都是好奇惹的禍

其實這時孩子也會很委屈：「幹嘛呀？以為我一天抽一包菸呀？其實我只不過躲在廁所裡偷偷抽了一支罷了，根本沒必要這樣大驚小怪的。老爸老媽總這樣誇張，我在生日聚會上嘗了一口白酒，他們就以為我會醉死街頭。假如他們總這樣疑神疑鬼，我真要上梁山了。」

父母想把孩子從這種誘惑中拉開，只能自己不抽菸、不喝酒，在此基礎上告訴孩子們菸酒的危害。

讓孩子認識到香菸中含有尼古丁等多種有害物質，吸菸對呼吸器官的損害尤其嚴重，許多呼吸道疾病都與吸菸有關。通常說來，一個吸菸的人的壽命比一個不吸菸的人短5年。對於正處於發育階段的孩子來說，吸菸將影響孩子智力的開發，從而影響孩子的學習成績。

父母儘量不要當著孩子的面抽菸，或者乾脆戒掉。首先最重要的一點，就是「二手菸」對孩子的危害很大；其次如果父母嗜菸酒，孩子會模仿父母的壞習慣。有研究顯示：如果父母抽菸喝酒的話，他們的孩子在長大後很容易染上抽菸喝酒的習慣。

告訴孩子什麼該做，什麼不該做。關鍵是你要讓孩子願意和你討論這些問題，而不是你一說他們就煩，不願聽。

父母可以這樣說：「我作為你的爸爸，要對你講清楚：不允許喝酒。如果我不講清的話，我就是失職。你還小，你有各種各樣的朋友，當他們給你壓力，要你做錯事的時候，由於你還小，如果我不講這些事，這也是我的失職。我希望我們能好好談談你遇到的問題，也許我能給你一些幫助。」

家長可以從身邊的例子說起，因為這樣才會有說服力，孩子也樂於相信。如：「我上國二的時候，我的一票朋友買了一條進口香菸吸，他們也想讓我學著吸。我吸了一口。我知道不該這樣做，但我覺得好玩。不過，我之後再也沒有吸了。我的朋友一個勁兒地嘲笑我，我也不理睬。最後，他們也不吸了。」

第六章 父母助力，幫助孩子解決成長中的問題

可以更好

1. 多關心孩子，嚴格要求。問題家庭的孩子和缺少父母關心的孩子會養成不良的生活習慣。因此家長要多和孩子交談，及時瞭解孩子的不良思想苗頭；要在生活上關心孩子，讓孩子感受到家庭的溫暖、父母的慈愛。這樣，孩子能和父母建立起深厚的感情，才能主動向父母講出自己的需求和願望，才能聽從父母的教導。孩子在青少年時期喜歡交友，家長更應該指導和幫助孩子選擇朋友，以免誤交朋友，染上不良的生活習慣。

2. 以身作則，言傳身教。家長的言行時刻都是孩子模仿的目標。為了培養孩子良好的生活習慣，家長應該從自己做起，不抽菸，少喝酒，做孩子的表率。

3. 注意教育方法。家長首先要分析孩子產生這些不良行為的原因，然後針對原因講清道理，積極疏導。若一味責罰，則有可能會使孩子產生逆反心理，在錯誤的道路上越走越遠。

後記

孩子進入青春期後，父母突然發現孩子變得越來越不聽話，越來越頑劣，甚至越來越「壞」。面對越來越「陌生」的孩子，父母們心中充滿了氣憤、惱怒、焦慮、無奈……種種負面情緒充斥在家長心中，家長們會萬分疑惑：自己的孩子是怎麼了？我們該怎樣教育孩子？

而另一個現實是，孩子的身上一定會有家長的影子或家長教育的痕跡。孩子的錯誤當然也有家長的一半責任。對於叛逆期的孩子來說，好的父母應該是一個好榜樣或者是一個高明的引導者和教育者。

希望這本書能夠幫助家長和孩子在青春期的問題上更好地進行溝通。本書還想告訴家長們，不要把孩子的青春期問題看得過於嚴重，應該把它當成和孩子好好溝通和交流的機會，而且要不斷地磨合。也許孩子不領情，但是千萬不要和孩子硬碰硬，一定要相信自己孩子的能力。特別是身為父母，需要站在孩子的角度考慮問題，孩子再怎麼叛逆，父母也不能放棄孩子，因為

孩子終歸會有理解父母的那一天。因為有愛，所以能接納；因為彼此接納，愛才會變得更加深沉和實在。

　　本書由向靜芳、戴倩任主編，負責全書的框架結構設計，指導具體寫作，進行審稿、統稿、定稿；張博萍、鮑芳芳、朱林、周茜任副主編。本書共六章，各章的編寫者如下：第一章由向靜芳完成，第二章由向靜芳、張博萍、戴倩、鮑芳芳、朱林、周茜完成；第三章由向靜芳、戴倩、張博萍完成；第四章、第五章和第六章由向靜芳完成。

　　在寫作過程中，我們參閱和引用了有關專家學者的專著、教材、論文和網路上的一些觀點和材料，在此謹向這些文獻資料的作者表示衷心的感謝。鄭持軍、杜珍輝二位對本書稿的策劃、修改、優化提出了寶貴的意見和建議，在此一併表示感謝！

　　由於水平有限、時間倉促，書中難免有一些不足之處，敬請各位專家和學者批評指正，以期再做修訂。

編者

國家圖書館出版品預行編目（CIP）資料

孩子在左，父母在右：如何與青春期孩子相處 / 向靜芳, 戴倩 主編. -- 第一版. -- 臺北市：崧燁文化，2019.06
　　面；　公分
POD 版

ISBN 978-957-681-853-0（平裝）

1. 親職教育 2. 親子溝通 3. 青春期

528.2　　　　　　　　　　　　　　　　108009060

書　　名：孩子在左，父母在右：如何與青春期孩子相處
作　　者：向靜芳, 戴倩 主編
發 行 人：黃振庭
出 版 者：崧燁文化事業有限公司
發 行 者：崧燁文化事業有限公司
E - m a i l：sonbookservice@gmail.com
粉 絲 頁：　　　　　　網　址：
地　　址：台北市中正區重慶南路一段六十一號八樓 815 室
8F.-815, No.61, Sec. 1, Chongqing S. Rd., Zhongzheng Dist., Taipei City 100, Taiwan (R.O.C.)
電　　話：(02)2370-3310　傳　真：(02) 2370-3210
總 經 銷：紅螞蟻圖書有限公司
地　　址：台北市內湖區舊宗路二段 121 巷 19 號
電　　話:02-2795-3656 傳真:02-2795-4100　網址：
印　　刷：京峯彩色印刷有限公司（京峰數位）

本書版權為西南師範大學出版社所有授權崧博出版事業股份有限公司獨家發行電子書及繁體書繁體字版。若有其他相關權利及授權需求請與本公司聯繫。

定　　價：250 元
發行日期：2019 年 06 月第一版
◎ 本書以 POD 印製發行